Descubre tu sueño

Descubre tu sueño

Cómo la espiritualidad ignaciana
puede guiar tu vida

Gerald M. Fagin, SJ

LOYOLAPRESS.
UN MINISTERIO JESUITA
Chicago

LOYOLA PRESS.
UN MINISTERIO JESUITA

3441 N. Ashland Avenue
Chicago, Illinois 60657
(800) 621-1008
www.loyolapress.com

© 2013 Catholic Society of Religious and Literary Education
Todos los derechos reservados.

© 2016 Loyola Press, edición en español.
Todos los derechos reservados.

Título original en inglés: *Discovering Your Dream: How Ignatian Spirituality Can Guide Your Life* (Chicago, IL: Loyola Press, 2013). Traducido por Redactores en red.

Diseño de la portada: Dr. Cloud/Shutterstock.com.

ISBN-13: 978-0-8294-4468-1
ISBN-10: 0-8294-4468-8
Número de control de la Biblioteca del Congreso USA: 2016941917

Impreso en los Estados Unidos de América.
16 17 18 19 20 21 22 Versa 10 9 8 7 6 5 4 3 2 1

Índice

	Prefacio	vii
1	Ignacio, el soñador	1
2	El sueño se hace realidad	13
3	Los ejercicios espirituales	21
4	Principio y Fundamento	31
5	La dinámica de los ejercicios	43
6	Las meditaciones clave de los ejercicios espirituales	59
7	Las gracias de los ejercicios	77
8	Discernimiento	91
9	Tomar decisiones	105
10	Nuestro deseo más íntimo	115
	Nota del editor	119
	Acerca del autor	121

Prefacio

Dios tiene un sueño para cada uno de nosotros. Dios ha sembrado deseos en lo profundo de nuestro ser, deseos que expanden nuestro corazón y abren nuevas posibilidades en nuestra vida. El sueño que Dios tiene para nosotros es una pasión que no se reemplaza con nada; este sueño es una inquietud que solo halla descanso en Dios. Descubrir este sueño dará forma y sentido a nuestra vida y nos llevará a contribuir a las esperanzas y deseos de Dios para el mundo, a lo que llamamos el Reino de Dios.

El desafío para nuestra vida es descubrir, darle un nombre y acoger ese sueño. A lo largo de nuestra vida Dios anima ese sueño, lo purifica y finalmente lo confirma. La búsqueda de ese sueño es un viaje de esperanza y humildad porque sabemos, después de todo, que cumplir ese sueño no es logro nuestro, sino la obra de Dios en nosotros. No importa que vacilemos en el camino, los desvíos que tomemos ni las carreteras secundarias por las que viajemos; sabemos que Dios camina a nuestro lado y nos lleva a cumplir nuestro sueño.

El sueño que Dios concibe para nosotros nos llama a la libertad y a la generosidad, y fundamentalmente nos invita a rendirnos al amor y la gracia de Dios. Comenzamos nuestra vida con sueños de adolescentes, que suelen desvanecerse mientras nos enfocamos en objetivos más inmediatos, pero en nuestro interior hay un llamado más profundo a ser discípulos y a trabajar a la par de Jesús.

Este libro es una sencilla guía para descubrir el sueño en cada uno de nosotros, una guía que extrae las riquezas de los ejercicios espirituales de san Ignacio de Loyola. San Ignacio era un soñador y Dios lo guio de una manera sorprendente hacia un sueño que fue más allá de cualquiera de sus esperanzas y expectativas. San Ignacio dijo que Dios le enseñó del mismo modo en que un maestro enseña a un niño y nos dejó un diario de su propio camino hacia el descubrimiento de Dios y de ese sueño que Dios tenía para él, y que, en última instancia, tiene para todos nosotros.

Este libro comienza con la historia de cómo san Ignacio descubrió el sueño que Dios tenía para él y que se convirtió en el sueño de san Ignacio para su propia vida. Los capítulos siguientes exploran las verdades básicas que son el fundamento de nuestros sueños y de nuestra relación con Dios, que emanan del llamado a ser discípulos y amigos de Jesús. Los capítulos finales presentan el significado del discernimiento y su proceso, que nos ofrece una manera de escuchar la voz de Dios en nuestro interior y en nuestro mundo y de descubrir nuestro propio sueño, ese sueño que Dios ha sembrado en nuestro corazón.

1
Ignacio, el soñador

La espiritualidad de san Ignacio brota de su propia experiencia de Dios. San Ignacio no aprendió sobre espiritualidad leyendo libros, sino que esa espiritualidad nació de su propia experiencia y de su reflexionar sobre esas experiencias, sobre todo en lo que llamamos sus años como peregrino, el tiempo transcurrido entre su conversión y la fundación de la Compañía de Jesús.

Durante ese tiempo Ignacio era laico. Escribió *Ejercicios espirituales* mucho antes de que siquiera imaginara el fundar una comunidad religiosa. Las primeras personas que hicieron los *Ejercicios* eran laicos. Algunos de ellos decidieron unirse a Ignacio para formar la Compañía de Jesús, pero muchos no lo hicieron y siguieron otras vocaciones y estilos de vida. La espiritualidad ignaciana es una espiritualidad para aquellos que intentan hallar a Dios en la experiencia de vida en el mundo que los rodea. No es una espiritualidad para huir del mundo. No es una espiritualidad exclusiva para jesuitas. Es una espiritualidad para personas como cualquiera de nosotros.

La espiritualidad ignaciana es práctica, no teórica. Proviene directamente de las experiencias del mismo Ignacio. Echemos, pues, un vistazo a su vida.

Un soldado herido

Ignacio nació en 1491 en España, en el seno de una familia de nobles vascos. Era el menor de trece hermanos. La familia Loyola se enorgullecía de sus grandes hazañas militares. Uno de los hermanos de Ignacio había navegado con Cristóbal Colón. La familia tenía una afición por lo extraordinario y eran leales al rey, pero no dejaron de estar muy cerca de la gente común. Los valores que la familia consideraba importantes eran la lealtad y el valor.

No pensemos que Ignacio era una de esas personas que nace ya con las manos juntas en actitud de alabanza a Dios. Ignacio fue un joven vasco normal para su época. Su fe era bastante mediocre. Como él mismo afirmaba, heredó la fe como parte de su identidad. Practicaba ciertas devociones, pero, como él mismo cuenta, no tenía una vida interior genuina. También disfrutaba del buen vivir y le gustaba cantar, bailar e ir a fiestas. Tenemos constancia de que, en una ocasión, Ignacio y sus hermanos fueron arrestados y juzgados por ocasionar una revuelta en el pequeño pueblo en el que vivían.

Ignacio era muy tenaz y valiente y deseaba lograr grandes hazañas y ser famoso y conocido. De hecho, afirmó que su mayor tentación era la tendencia a la vanidad. Quería ser estimado y admirado, llegar a ser un gran caballero y ganarse el amor de una dama.

A los quince años, Ignacio fue enviado a la corte del rey Fernando de Castilla a estudiar para ser diplomático, deportista, oficial y un hombre gentil. Este era un mundo donde prevalecían la etiqueta y los modos refinados, un mundo muy superficial. Allí aprendió esgrima, baile, canto y leyó muchas novelas románticas sobre caballeros y damas.

Ignacio perdió su empleo en la corte al morir su mecenas y se convirtió en soldado al servicio de un duque y de un virrey. Podemos imaginar a Ignacio como un hombre de armas, pero en realidad no fue un líder militar astuto. Su gran desafío llegó durante una batalla en la ciudad de Pamplona, donde estaba al frente de una guarnición de quinientos hombres que estaban siendo atacados por un ejército de diez mil soldados franceses. Lo prudente hubiera sido rendirse, pero Ignacio trató de defender la ciudad. Siguió luchando hasta que una bala de cañón lo hirió en la pierna y le destrozó la rodilla. Con ello sus hombres se acobardaron y se rindieron.

A los franceses les impresionó el gran valor de Ignacio y lo trasladaron a Loyola en una camilla, al castillo donde había crecido. Magdalena, su cuñada, que lo había criado desde los cinco años, lo cuidó durante un año hasta que se restableció.

Nace el sueño

La vida de Ignacio dio un giro mientras se recuperaba de sus heridas. Ignacio era un gran soñador. Decía que podía pasar horas imaginando que era un caballero tratando de ganarse el amor de una dama. Y, lo cierto es que había una dama de la alta nobleza, muy por encima de su posición, por la que se sentía atraído. Tenía la esperanza de lograr impresionarla haciendo algo grandioso. Tanto lo deseaba que estaba dispuesto a sufrir cualquier cosa. Como no le habían colocado la pierna rota correctamente el hueso se salía de su lugar, lo que arruinaba su porte galante, así que pidió a los médicos que le quebraran el hueso y lo volvieran a colocar; todo esto sin anestesia. Ignacio estaba decidido a llevar a cabo su sueño.

Tardó un año en recuperarse. Pidió libros, pero solamente había dos en la biblioteca de Loyola: uno sobre la vida de Cristo y una colección de historias sobre santos. Así que tomó esos libros y comenzó a leerlos.

Esos dos libros fueron de gran importancia para darle forma a la visión global que Ignacio tenía del mundo. El primer libro era *La vida de Cristo*, de Ludolfo de Sajonia. Este libro le mostró los acontecimientos de la vida de Cristo por medio de imágenes que despertaron su imaginación. También lo llevó a reflexionar y rezar. La contemplación ignaciana nació mientras leía este libro. Pero Ignacio hizo algo más. Comenzó a soñar acerca de estar con Jesús y hacer grandes cosas con él. Esto encajó de manera perfecta con su modo de abordar las cosas. Dios supo cómo ganárselo. Este libro le ocasionó el deseo de amar e imitar a Jesús. Quería conocer mejor a Jesús y quería contemplar su propia vida y pensar sobre las cosas que le habían ocurrido.

Después, Ignacio tomó el libro sobre las vidas de los santos. El prólogo señalaba que los santos de ese libro eran los caballeros de Dios, y eso era sin duda algo con lo que Ignacio podía identificarse. Los caballeros de Dios hicieron grandes hazañas, y María, la dama, estaba en la historia también, lo que fascinó a Ignacio. Al leer sobre santo Domingo dijo: "¡Yo lo podría hacer mejor!", y al leer sobre san Francisco de Asís: "¡Yo lo puedo hacer mejor!". Ignacio soñaba con ser el santo más grande de todos.

Llegar a ser santo cautivó su imaginación, su energía y su pasión. Comenzó a advertir que cuando pasaba todo el día soñando con ser caballero y ganar el amor de una dama, se sentía triste, vacío y frustrado, pero cuando contemplaba la vida de Cristo y pensaba en convertirse en un gran santo, se llenaba de paz y tenía una sensación de plenitud, armonía y gozo. Se preguntaba qué querría decir todo aquello, el porqué de unos pensamientos tan dispares.

Nacía un nuevo sueño. Para Ignacio, la paz que sentía después de soñar con seguir a Cristo significaba que esa era la dirección que Dios quería que siguiera. El gran caballero que quería ganar el amor de una dama se convertiría en un gran santo, un caballero de Dios, por quien haría grandes cosas. Tenía un nuevo sueño.

El sueño se purifica

Pero el sueño de Ignacio necesitaba ser refinado y purificado; no sabía mucho sobre cómo rezar o cómo hallar el camino que debía seguir y él mismo cuenta una historia que muestra cuánto debía refinarse ese sueño.

Inmediatamente después de su conversión, montó en su mula y se dirigió al monasterio benedictino de Montserrat. Durante un tiempo un hombre lo acompañó en el camino. Este hombre era musulmán y conversó con Ignacio sobre la Virgen María, la Madre de Dios. En la tradición morisca, María era virgen cuando dio a luz a Jesús, pero no lo fue para siempre. Ignacio se molestó mucho y pensó que este hombre estaba insultando a su nueva dama, la Virgen María. El musulmán se hartó de Ignacio y se marchó. Sentado en su mula, Ignacio se preguntó: "¿Qué debo hacer ahora? Como caballero leal debería ir a matar a ese hombre, pues insultó a mi dama. Pero ahora soy cristiano, y los cristianos seguramente no harían cosas semejantes" [versión del traductor (v.d.t.)].

Ignacio decidió entonces dejar que la mula tomara la decisión. Había una bifurcación en el camino: uno de los caminos lo llevaría a la ciudad, donde perseguiría al musulmán y lo mataría; el otro camino seguía por la carretera. Ignacio soltó las riendas y la mula lo alejó del musulmán.

San Ignacio contó esta historia para mostrar lo inmaduro que era en esa etapa de su vida. Si bien estaba comprometido a seguir al Señor y ser parte del gran plan de Dios, no sabía cómo hacerlo. Ignacio necesitaba el don del discernimiento, es decir, la capacidad de descubrir la voluntad de Dios en las emociones que vivimos y en los acontecimientos de la vida. Este don nos ayuda a responder preguntas importantes: ¿A qué me llama Dios? ¿Hacia dónde me guía? ¿Hacia dónde no me guía?

El camino de purificación continuaba. Llegó al monasterio benedictino de Montserrat para comenzar su peregrinación a Jerusalén. Ante el altar de Nuestra Señora colocó su espada en el suelo y dijo: "Ahora seré vuestro caballero". A la salida del monasterio cambió sus ropas con las de un mendigo para poder vivir una vida de pobreza.

Ignacio decidió hacer un alto por unos días en un pequeño pueblo llamado Manresa para tomar algunas notas sobre lo que había vivido, pero terminó quedándose casi un año. Y es allí donde su sueño de seguir a Dios se purificó. En Manresa, Ignacio dijo que Dios trató con él "de la misma manera que un maestro trata con un niño". Ignacio no sabía nada sobre la vida espiritual, así que Dios le enseñó. Fue esa experiencia la que marcó su vida y de esa experiencia surgió su libro *Ejercicios espirituales*.

Al principio Ignacio tenía un gran entusiasmo. Rezaba siete horas al día y le encantaba cada minuto que pasaba rezando. Solía andar por el pueblo y sentarse con la gente en la plaza para hablarles de Dios. Ayudaba en el hospital. Estaba viviendo una profunda experiencia de Dios. También hizo grandes penitencias, acaso demasiadas. Su salud terminó deteriorándose, hasta que se dio cuenta de que esas penitencias extenuantes no eran lo mejor para su salud.

Al cabo de tres meses tocó fondo. Ignacio quedó sumido en la oscuridad y la desolación. Dijo que ya no quería rezar más. Fue a la Eucaristía y dijo que no significaba nada para él. Dios le parecía distante, y se desanimó. Una voz en su cabeza le decía: "¿Quién piensas que eres? Mira los treinta primeros años de tu vida. No serás un gran santo. No puedes mantener esto. Quizás puedas por algunas semanas o algunos meses, pero fíjate que tienes otros treinta o aún cuarenta años más por delante. No podrás mantener esto" [v.d.t.]. Se deprimió tanto que comenzó a tener pensamientos suicidas.

Poco a poco salió de la depresión. Pasó por un tiempo de purificación, como muchos de los grandes santos. Tuvo experiencias místicas. Tuvo visiones de la Creación, de la Trinidad y de la presencia de Cristo en la Eucaristía.

Una de estas visiones fue especialmente importante para la purificación de su sueño, y fue clave para entender la totalidad de la perspectiva ignaciana. La visión sucedió en la localidad de Manresa, a la orilla del río Cardener. Mientras estaba sentado un día junto al río, Ignacio tuvo una experiencia divina. Él cuenta que fue más como una comprensión a nivel intelectual que algo visible, algo que le dio un entendimiento profundo de Dios como uno y trino, de la Trinidad de Dios. Experimentó el mundo como un don de Dios que proviene de lo alto y todas las cosas volviendo a Dios. Así es como se mueve la historia de la humanidad: Dios viene y todo vuelve a Dios. Los dos grandes momentos de la historia fueron la Creación, cuando Dios creó el mundo, y la Encarnación, cuando Dios se hizo hombre. Después de esta visión, Ignacio siempre contempló la vida y el mundo que lo rodeaba como el don de un Dios de amor en su camino de regreso hacia Dios.

Una nueva perspectiva

La visión en el río Cardener tuvo tres consecuencias importantes para Ignacio. Primero, se rindió ante la gracia de Dios. Se dio cuenta de que no sería un gran santo por sus propios medios. Llegar a ser un santo no podría ser sino obra de Dios, de Dios guiándolo, llevándolo, sosteniéndolo, fortaleciéndolo. Es interesante advertir que después de esta experiencia en el río, Ignacio nunca más volvió a hablar sobre convertirse en un gran santo. Tuvo que permitirle a Dios que hiciera en él lo que quería hacer en él.

La segunda consecuencia fue que Ignacio comenzó a pensar en sí mismo de otra manera, ya no se veía solo como un peregrino solitario. En el río se dio cuenta de que Dios lo llamaba a ser una persona de la Iglesia, de la totalidad de la comunidad cristiana. Y Dios lo llamaba para que "ayudara a las almas": para ayudar a la gente, para compartir la visión con ellos, para estar al servicio de otras personas.

Por último, Ignacio comenzó a pensar en Cristo de un modo diferente. Vio a Cristo como el líder de un proceso para llevar al mundo de regreso a Dios. Cristo obraba en el mundo para que esto ocurriera. Cristo resucitado entre nosotros se esfuerza para llevar al mundo de nuevo a Dios. El llamado de Ignacio era trabajar a la par de Cristo para llevar al mundo de nuevo a Dios. Debía ser parte de este gran plan, de la obra de salvación.

Pero la purificación no finalizaba ahí. Había mucho más por delante.

2
El sueño se hace realidad

Después de este tiempo en Manresa, Ignacio fue a Jerusalén, pues pensaba que era eso lo que Dios quería que hiciera. Pensó que era la voluntad de Dios que él pasara su vida allí. A su llegada, los franciscanos encargados de los lugares santos estaban alarmados. Muchos peregrinos europeos eran secuestrados por bandidos que pedían un rescate a cambio. Los franciscanos ordenaron a Ignacio que se marchara, a lo que Ignacio se opuso: dijo que Dios quería que fuera a Jerusalén. Pero el superior de los franciscanos le advirtió que si no abandonaba Jerusalén lo excomulgaría de la Iglesia. Entonces Ignacio se marchó. Era evidente que Dios tenía otras intenciones para él.

Así Ignacio tuvo que optar por el plan B. En realidad pasó gran parte de su vida trabajando en planes B. Por lo general, los planes A no solían resultarle.

Ignacio pensó que debería predicar y enseñar en Europa, pero para ello necesitaba tener una educación. Debía volver a la escuela y comenzar desde el principio. Fue a la escuela con los niños para aprender latín, ya que para ingresar a la universidad había que saber latín. Después de esto asistió a dos universidades españolas antes de ingresar finalmente en la Universidad de París. Se graduó con el título de maestro en artes.

Compañeros de viaje

En París ocurrió algo muy significativo. Ignacio conoció a otros estudiantes mucho más jóvenes que él. En este grupo estaban Francisco Javier, quien más tarde se convertiría en san Francisco Javier, y Pedro Fabro, quien ha sido también canonizado. Ignacio contó a sus nuevos amigos su experiencia de Dios y los guio en sus ejercicios espirituales. Finalmente, Ignacio y otros seis hombres decidieron que querían servir a Dios, juntos. Tenían una visión en común: compartían la visión de Ignacio, su experiencia. Tomaron votos de pobreza y de castidad, pero todavía no se consideraban una orden o comunidad religiosa. Decidieron ir en grupo a Jerusalén.

No lograron llegar a Jerusalén. No se podía viajar en barco debido a las continuas guerras. Pero tenían un plan B: si no podían llegar a Tierra Santa, se presentarían ante el Papa para que utilizara sus servicios como deseara. Dijeron al Papa que irían a cualquier parte. Cuando el Papa estuvo de acuerdo, los siete compañeros decidieron comprometerse de manera más definida unos con otros. Comenzaron un proceso de discernimiento que culminó con la decisión de convertirse en una orden religiosa.

El sueño confirmado

En un viaje a Roma, Ignacio y dos de sus compañeros hicieron un alto en una pequeña capilla llamada La Storta, una capilla junto al camino muy popular entre los peregrinos. Era un lugar pequeño donde hacer un alto y rezar. Ignacio rezó por unos instantes y tuvo otra extraordinaria experiencia de Dios.

Sintió que Dios le decía que sería bueno con él en Roma. Tuvo una visión del Padre y de Jesús, y Jesús estaba cargando su cruz. El Padre le decía a Jesús: "Hijo, quiero que lleves a este hombre, Ignacio, a trabajar contigo". Jesús miró a Ignacio y le dijo: "Quiero que vengas y trabajes conmigo" [v.d.t.]. Ese era el llamado que Ignacio había esperado durante toda su vida. Era la confirmación de que estaba en el camino correcto, que estaba haciendo lo que Dios quería que hiciera.

La confirmación es el paso último y fundamental en el proceso de discernimiento. Cuando decidimos algo, lo ponemos ante a Dios y convivimos con la decisión por un tiempo.

Si es la decisión correcta, el corazón dice finalmente: "Sí, es lo que debes hacer". Ignacio sintió en La Storta que Dios le decía: "Sí, es lo que debes hacer". Lo que escuchó de Jesús fue: "Quiero que nos sirvas", refiriéndose al Padre, al Hijo y al Espíritu Santo. "Quiero que ayudes a las personas. Quiero que trabajes conmigo". Esta era la gracia que Ignacio había buscado durante quince años. "¿Estoy en el camino correcto? ¿Es esto lo que Dios quiere que haga?" Y Dios dijo: "Sí. Ve a Roma. Este es el camino correcto" [v.d.t.].

Aceptación y comunidad

Cosas muy importantes surgieron a partir de la visión en La Storta. La primera fue una profunda sensación de que el Padre había colocado a Ignacio al lado del Hijo. Ignacio y sus compañeros trabajarían con Jesús para llevar al mundo de regreso al Padre. Esta fue la visión íntegra de su vida, el valor de su vida, el impulso en su vida: llevar al mundo de regreso a Dios.

Esta visión en La Storta hizo a Ignacio sentir que la Trinidad lo había aceptado al decirle: "Sí, queremos que trabajes con nosotros". Fue muy significativo para Ignacio que, en su visión, Cristo estuviera llevando la cruz; supo que trabajar con Jesús no sería fácil. Debería servir, pero en pobreza, en humildad y enfrentando mucha oposición. En el camino habría mucho sufrimiento.

San Ignacio dijo que la visión en La Storta fue una experiencia de comunidad. Lo que había descubierto en el río Cardener fue confirmado en la capilla. Debería servir con otros y no en soledad. La comunidad en torno a Ignacio se convirtió en la Compañía de Jesús.

San Ignacio dijo también que el nombre de Jesús se hizo muy importante para él en La Storta. Cuando llegó el momento de darle nombre a la orden religiosa que había fundado, Ignacio eligió el nombre de Compañía de Jesús. No llevaría su nombre, como los dominicos en honor a santo Domingo o los franciscanos en honor a san Francisco. Hubo objeciones: su orden no podría llamarse Compañía de Jesús porque todos son seguidores de Jesús, pero Ignacio contestó: "Dios me dijo en La Storta que somos la Compañía de Jesús". Ignacio era vasco, y los vascos tienen fama de tercos. Cuando los demás cuestionaban alguna de sus ideas, al rato les decía que lo había visto en el río Cardener o en La Storta. Con esto daba por terminada la discusión.

Finalmente, en La Storta, Ignacio recibió un profundo sentido de conexión con Roma. Su orden estaría conectada con la Iglesia y al servicio de esta. Esto se convirtió en algo muy importante para él y para la Compañía de Jesús.

Saliendo por las puertas de Dios

Hemos hablado de tres momentos de la vida de Ignacio en los que tuvo experiencias muy diferentes de Dios. El primero fue en Loyola y surgió a raíz de la lectura de libros, poco a poco Dios llevó a Ignacio a dejar de soñar con ser un gran caballero y a aceptar lo que él era capaz de aceptar en aquel momento: el sueño de seguir a Dios y de hacer grandes cosas. Pero ese sueño debía purificarse. Ignacio debía librarse de la parte inmadura y adolescente, de ese sentir de "puedo hacerlo todo por mí mismo". Tenía que comprender que ese sueño era para los demás, que era una visión que debía compartir: debía ayudar a las almas y llevar a otras personas aquella misma visión de Dios. Finalmente llegó ese momento en que Dios confirmó la decisión y le dijo a Ignacio: "Esto es lo que quiero que hagas; este es quien eres" [v.d.t.].

Más tarde san Ignacio diría: "entra siempre por su puerta, y sal por la nuestra" [v.d.t.]. Dios entró por la puerta de Ignacio y lo guio para salir por otra. Dios entró por la puerta del sueño de Ignacio de convertirse en un gran caballero y lo llevó a un sueño completamente nuevo, a una visión totalmente nueva.

Para Ignacio esta visión implicó tener que adaptarse a las circunstancias. Quiso ir a Jerusalén. Lo enviaron de vuelta. Quiso ir a Jerusalén una segunda vez. No pudo ser. Después quiso ser enviado a otros continentes como misionero. En lugar de esto, sus hermanos lo hicieron superior general de la Compañía de Jesús, y pasó los últimos quince años de su vida sentado en un escritorio escribiendo cartas y redactando la constitución de la Compañía de Jesús. Ese no era el plan de Ignacio, sino el de Dios. La gracia residió en que estaba abierto al plan de Dios y encontró a Dios en él.

El catalizador principal del cambio en la vida de san Ignacio fue la experiencia, no lo que las personas le pudieran decir o lo que él leyera. La experiencia es lo que produjo el cambio en su vida. Dios trató con Ignacio de una manera personal y directa. San Ignacio experimentó a Dios obrando en su vida y en todos los acontecimientos de su vida. Su sabiduría no provino de libros de texto, sino de reflexionar sobre sus experiencias. Vio cómo Dios estaba obrando en su corazón; ese es el don que san Ignacio nos enseña en los ejercicios espirituales.

La relación entre el sueño de san Ignacio y nosotros

La espiritualidad ignaciana nos lleva a prestar atención y a reflexionar sobre nuestra experiencia personal. Dios llega a cada uno de nosotros. En el centro de la espiritualidad ignaciana está la creencia de san Ignacio de que Dios llega al alma de cada uno de nosotros. Solo debemos notarlo, escucharlo y seguirlo. Esta fue la propia experiencia que san Ignacio tuvo con Dios y su experiencia de guiar a otros por medio de los ejercicios espirituales.

San Ignacio fue un hombre que tenía un sueño. Ese sueño comenzó en Loyola, se purificó en el río Cardener y fue confirmado en la capilla de La Storta. San Ignacio también creía que Dios tiene un sueño para cada uno de nosotros y que siembra ese sueño en lo más profundo de nuestro corazón. Nuestro sueño es una pasión dentro de nosotros que no se puede reemplazar con nada. Es un desasosiego que solo halla descanso en Dios. Son los deseos más íntimos del corazón los que darán forma y sentido a nuestra vida. Eso es lo que san Ignacio aprendió de su propia experiencia.

La propia experiencia de san Ignacio fue el fundamento para los ejercicios espirituales. Con ellos, san Ignacio nos muestra una manera de descubrir el sueño que Dios tiene para nosotros dentro de nuestro corazón, de descubrir nuestros deseos más íntimos y de realizarlos con integridad. Los ejercicios espirituales son una manera de llegar a alcanzar la libertad, de escuchar el llamado de Dios de la misma manera que Ignacio lo hizo y de responder con generosidad y amor. Vamos a ver ahora los ejercicios espirituales.

3
Los ejercicios espirituales

¿Qué son los ejercicios espirituales? En primer lugar, son una experiencia. Brotan de la experiencia de vida de san Ignacio y de su propia experiencia con Dios. Son una experiencia para aquellos que los "hacen". En su forma completa, los ejercicios espirituales son una experiencia de treinta días en soledad con cuatro o cinco horas de oración al día.

Los ejercicios son una manera de encontrar a Dios. Son un proceso que se propone llevarnos a la libertad, que nos permite escuchar el llamado de Dios y seguir ese llamado con fe. Es la libertad de seguir a Jesús y de compartir la obra de redención.

Los ejercicios espirituales son también un recorrido: un recorrido de transformación y un camino de conversión. Nos ayudan a ponernos en contacto con los deseos del corazón, que en realidad son los deseos de Dios en nuestro ser. Siempre es importante recordar que cuando hablamos de los ejercicios espirituales, lo primero que decimos es que se trata de una experiencia que la gente vive.

Pero *Ejercicios espirituales* es un libro también. Es un libro breve que puede leerse rápidamente. En él se muestran una serie de ejercicios, que bien podemos llamarlos un tipo de entrenamiento aeróbico espiritual. Son ejercicios que se "hacen": oraciones, meditaciones, contemplaciones, métodos para examinarse a uno mismo, guías para discernir los movimientos de Dios en el corazón. Son ejercicios para descubrir la voluntad de Dios en nuestra vida y para tomar decisiones. "Hacemos" estos ejercicios, pero el contenido de los ejercicios espirituales es realmente algo que Dios hace en cada persona de manera individual. Los ejercicios nos ayudan a ponernos en contacto con lo que Dios hace en nuestra vida. Nos ayudan a experimentar a Dios y a ver cómo él obra en nosotros. Muchos hacen los ejercicios con la ayuda de un director espiritual, cuyo interés principal es lo que Dios hace en el corazón de la persona, pues este es el contenido de los ejercicios espirituales. Pero esto no se encuentra en el libro; se encuentra en la oración y reflexionando sobre nuestra propia vida.

El libro *Ejercicios espirituales* está dirigido al director espiritual que guía a quienes hacen los ejercicios. Se imprimió por primera vez en 1548. San Ignacio hizo imprimir quinientas copias y las controló todas él mismo. Dio copias solamente a quienes ya habían hecho los ejercicios. Solamente permitió a quienes habían hecho los ejercicios poder guiar a otros a través de ellos. Los ejercicios son un arte, no una ciencia. Deben adaptarse a cada individuo según la manera en que Dios obra en el corazón de esa persona.

La experiencia de san Ignacio con Dios

Ejercicios espirituales es el diario de la propia experiencia de san Ignacio con Dios, comenzando con el año que pasó en Manresa. El libro narra cómo Dios purificó el sueño de Ignacio y dejó claro que su llamado era ayudar a las almas, ser una persona apostólica, ser una persona de la Iglesia y continuar la obra de Jesús. Durante ese año san Ignacio tomó notas y después trabajó en los ejercicios durante veinticinco años. Al guiar a otras personas a través de los ejercicios, aprendió lo que debería incluir en el libro para ayudar al director espiritual. Pero fundamentalmente, *Ejercicios espirituales* es un diario de su propia experiencia de conversión. Es un diario que relata el movimiento de Dios en el corazón de Ignacio. Mientras guiaba a otros a través de los ejercicios, san Ignacio descubrió que su trayectoria era en realidad un modelo para la trayectoria de cualquier persona. Hay determinados patrones comunes en la manera en que Dios obra en nosotros y en la manera en que respondemos a Dios. Al mismo tiempo, cada persona experimenta a Dios de un modo singular. Por eso los ejercicios deben adaptarse a cada individuo en particular. Son un paradigma, un modelo, un patrón de la manera en que Dios trata con las personas.

Para hacer los ejercicios es necesario experimentarlos. No sirve solo leer o estudiar el libro; es un libro que ha de ser rezado. Podemos leer todo el libro, pero con esto no podremos decir que hemos hecho los ejercicios espirituales. Para hacer los ejercicios espirituales debemos apartarnos y pasar tiempo en oración y reflexión con la guía de un director espiritual.

Ejercicios espirituales es un libro escrito por un laico para laicos. La experiencia que registra sucedió mucho antes de que san Ignacio tuviera la idea de fundar una comunidad religiosa; era un laico que intentaba hallar una manera de seguir a Dios. La gente a la que primero guio a través de los ejercicios espirituales, muchos de ellos estudiantes y docentes de la Universidad de París, eran laicos. Algunos decidieron ingresar a la vida religiosa o entrar en el sacerdocio, pero muchos otros no. Así que es importante ser conscientes de que los ejercicios espirituales no son solamente para jesuitas, monjes, sacerdotes o religiosos. Los ejercicios espirituales muestran el patrón de la vida para cada cristiano.

Lo que vamos a encontrar

Antes de presentar los ejercicios propiamente dichos, san Ignacio ofrece algunas pautas que son importantes para entender los ejercicios espirituales. En primer lugar hay una descripción de lo que es un "ejercicio espiritual". Nos dice que un ejercicio espiritual es cualquier medio que nos ayuda a ponernos en contacto con Dios, ya sea una oración, una meditación o una reflexión, es decir, algo que predisponga el corazón y nos libere para poder descubrir la voluntad de Dios en nuestra vida. Ignacio compara los ejercicios espirituales con los ejercicios físicos: del mismo modo que hacemos ejercicios para la salud física, hay ejercicios que realizamos para la salud espiritual.

San Ignacio indica después qué es lo que él espera que las personas logren con los ejercicios espirituales: espera que las personas reciban entendimiento espiritual, no solamente entendimiento intelectual. Le interesa el entendimiento que se siente, el entendimiento interior, la comprensión íntima de una verdad. Este tipo de entendimiento es lo que marca la diferencia entre saber de Jesús y conocer a Jesús. Es la diferencia entre saber con la cabeza que Dios nos ama y experimentar ese amor en el corazón. A veces el viaje más largo de nuestra vida es aquel que nos lleva de la cabeza al corazón. Podemos decir que sabemos que Dios nos ama, pero ¿realmente lo *sabemos*? ¿De verdad lo experimentamos en nuestro corazón? El tipo de entendimiento que Ignacio desea es aquel que nos llega al corazón y nos transforma, un entendimiento que nos motiva para obrar de un modo totalmente diferente. San Ignacio busca un entendimiento íntimo, interior, que podamos sentir.

San Ignacio también dice en estas instrucciones iniciales que para hacer los ejercicios hace falta magnanimidad. Hace falta "gran ánimo", apertura, generosidad. Grandes deseos. Eso es lo que Ignacio buscaba en las personas que iban a hacer los ejercicios. Buscaba personas con grandes deseos y que desearan hacer grandes cosas. Quería personas que no estuvieran conformes con su situación, que tuvieran inquietudes y que quisieran dar algo más. Si estamos conformes con donde estamos, si deseamos quedarnos allí y que no nos molesten, entonces no es necesario que hagamos los ejercicios espirituales. Deberíamos hacerlos si deseamos algún desafío para ir por más, para abrir el corazón de manera más completa a Dios.

Hay otro punto importante al inicio de los ejercicios espirituales: san Ignacio dice que Dios es el verdadero director de los ejercicios y cree que el Creador y Señor se comunica directamente con nuestra alma. Esta idea es el eje de los ejercicios y de la espiritualidad ignacianos. Dios llega a nuestra alma a través de lo que pensamos, lo que deseamos, lo que imaginamos y lo que sentimos.

La primera vez que iba a dirigir un retiro, un director espiritual muy inteligente se acercó y me dijo: "Se te ve nervioso". "*Estoy* nervioso. He hecho los ejercicios dos veces. Los he hecho, pero ahora voy a dirigirlos", le respondí. Y él me dijo: "Es muy sencillo. Pide dos cosas en oración: pide por la persona que estás dirigiendo, y después pide para que puedas quitarte del medio. Es la obra de Dios, no la tuya. Quítate del medio. Dios hará grandes cosas".

En los ejercicios la tarea del director se limita a facilitar la conversación entre Dios y la persona que hace los ejercicios. No está para decirle nada a la persona, ni para enseñarle, solo para guiar y facilitar su encuentro con Dios. Los ejercicios espirituales son un encuentro personal con Dios.

Hacer los ejercicios

Ignacio pensó que realizar la totalidad de los ejercicios llevaría treinta días de trabajo individual con un director espiritual experimentado. También pensaba que una persona debería hacer los ejercicios solo una vez en toda su vida. Los jesuitas los hacen dos veces: una vez al ingresar en el noviciado jesuita, y de nuevo después de finalizar los estudios y tras ya haber estado en el ministerio por un buen tiempo, quizás quince o veinte años más tarde. Yo hice los ejercicios por primera vez a los dieciocho años. No hay nada de malo con tener esa edad, pero no estaba lo suficientemente preparado para los ejercicios. Fue una experiencia muy distinta cuando los volví a hacer a los treinta y ocho.

Las personas comenzaron a adaptar los ejercicios incluso en el tiempo de san Ignacio. Primero, hubo quienes los hicieron más de una vez. Después hubo quienes empezaron a hacerlos por períodos más breves y ocho días se convirtió en la versión abreviada de los ejercicios. No es posible hacer todos los ejercicios en ocho días, pero sí se pueden hacer algunos de ellos y experimentar algunas de las gracias. Todo jesuita hace un retiro anual de ocho días como parte de su propia práctica espiritual. Hoy en día muchas más personas hacen también retiros de ocho días.

Otra adaptación consiste en hacer los ejercicios en grupo. Al hacerlo de esta manera se acude a una casa jesuita de retiros para, con un grupo de personas, escuchar una serie de charlas sobre los temas de los ejercicios. Hay un tiempo para rezar y un tiempo para conocer a alguien que te guíe y dirija.

Una última adaptación consiste en algo que el mismo Ignacio concibió: los ejercicios en medio de la vida cotidiana. En este contexto se reza durante una hora todas las mañanas y se habla con un director espiritual una vez a la semana durante un período de seis a nueve meses. Esta es una experiencia muy enriquecedora que nos permite integrar la oración con la vida cotidiana.

El propósito de los ejercicios espirituales

Hay dos escuelas de pensamiento sobre el propósito de los ejercicios espirituales. Para una, el propósito de los ejercicios es tomar una decisión de vida; para la otra, el propósito es acercarnos a Dios. Ambas son ciertas. San Ignacio en principio concibió los ejercicios para ordenar la vida propia de manera que podamos llegar a tomar decisiones ordenadas. Los veía como un proceso para llegar a una decisión de vida importante. Pero obviamente hay muchas personas que hacen los ejercicios para enriquecer su relación con Dios. Ya hicieron un compromiso de vida con el sacerdocio o con el matrimonio o la vida religiosa o la vida célibe, y están tratando de descubrir cómo vivir el Evangelio con más fidelidad desde sus propias circunstancias.

Así es como yo resumo los propósitos de los ejercicios espirituales: primero es llegar a ser libres para tomar una decisión. Los ejercicios espirituales nos ayudan a ordenar nuestra vida, a aclarar los objetivos y a decidir cómo lograrlos.

En segundo lugar, nos ayudan a descubrir nuestro papel en el plan de salvación. ¿Qué nos llama Dios a hacer en la vida y cómo encajamos en su plan de salvación del mundo? Los ejercicios nos ayudan a descubrir hacia dónde nos pide Dios que vayamos.

Por último, los ejercicios desarrollan y profundizan nuestra relación con Dios. Nos acercan más a Dios, nos ayudan a tener una relación más personal con él y a dejar que obre de manera más profunda en nuestro corazón para que podamos acercarnos más a él.

Los ejercicios consisten en tomar decisiones, pero decisiones desde la libertad, no por placer, por poder o por prestigio. Veremos de dónde viene esa libertad cuando analicemos el Principio y Fundamento.

4
Principio y Fundamento

Para tomar decisiones en libertad, Ignacio dice que lo primero que hay que hacer es aclarar algunas cosas fundamentales: ¿Quién es Dios? ¿Quiénes somos nosotros? ¿Cómo nos relacionamos con Dios? ¿Cuál es el sentido y el valor del mundo en que vivimos? Para responder estas preguntas, Ignacio ofrece algunas reflexiones al inicio de *Ejercicios espirituales* que él denomina *Principio y Fundamento* y que abordan la cuestión elemental del propósito de la vida y del porqué estamos aquí. Quisiera brindar dos versiones de este tema. La primera ofrece el lenguaje más literal:

> El hombre es creado para alabar, venerar y servir a Dios nuestro Señor, y mediante esto salvar su alma; y las otras cosas sobre la faz de la tierra son creadas para el hombre y para que le ayuden a conseguir el fin para el que es creado. De donde se sigue que el hombre tanto ha de usar de ellas

> cuanto le ayudan para su fin, y tanto debe apartarse de ellas, cuanto para ello le impiden. Por lo cual es menester hacernos indiferentes a todas las cosas creadas, en todo lo que cae bajo la libre determinación de nuestra libertad y no le está prohibido; en tal manera que no queramos, de nuestra parte, más salud que enfermedad, riqueza que pobreza, honor que deshonor, vida larga que corta, y así en todo lo demás, solamente deseando y eligiendo lo que más nos conduce al fin para el que hemos sido creados.

Como se puede advertir, Ignacio distingue entre los medios y los fines. El propósito y el objetivo de la vida es alabar, venerar y servir a Dios. Todo lo demás nos ayuda a alcanzar ese propósito. Lo que la mayoría hacemos, no obstante, es elegir los medios favoritos y convertirlos en fines. El fin, es decir, servir y amar a Dios, se convierte en medio. Pero Ignacio dice que el primer paso consiste en tener claro el fin, y luego elegir los medios que mejor conducen a ese fin. El objetivo es alabar, venerar y servir a Dios, y llegar a la vida eterna. El matrimonio, la vida religiosa, el sacerdocio, la vida célibe, todos son medios para llegar allí. No se elige uno y luego se intenta ver cómo encaja el objetivo en el medio que elegimos.

A continuación, incluyo otra versión del Principio y Fundamento, una paráfrasis contemporánea de David Fleming, SJ, que es más sencilla de leer para nuestros días:

Dios nos creó libremente para que podamos conocerlo, amarlo y servirle en esta vida y ser felices con él por siempre. El propósito que Dios tuvo al crearnos es que nosotros le respondamos en amor y en servicio aquí en la tierra para que podamos lograr el objetivo de la felicidad eterna con él en el cielo.

Todas las demás cosas de este mundo son dones de Dios, creadas para nosotros como medios por los que podemos llegar a conocer mejor a Dios, a amarlo con más seguridad y a servirle con más fidelidad.

Como resultado, debemos usar y apreciar esos dones de Dios en tanto que nos ayudan a llegar al objetivo del servicio en amor y unión con Dios. Pero en tanto que cualquier cosa creada sea un obstáculo para nuestro objetivo, debemos desecharla.

En la vida cotidiana deberíamos ser indiferentes o indecisos ante los dones creados cuando tenemos opciones y no sabemos con claridad cuál de ellas es la mejor. No deberíamos dejarnos guiar por las preferencias naturales, incluso en asuntos como la salud o la enfermedad, la riqueza o la pobreza, la opción de vivir en el este o en el oeste, de ser abogados o contadores.

Más bien, nuestro único deseo y nuestra única elección debería ser aquella que mejor nos conduce al objetivo para el cual Dios nos creó [v.d.t.].

Para san Ignacio, este es el punto de partida de los ejercicios espirituales. Debemos ir directo a lo que es el plan de Dios y a quienes somos nosotros ante Dios. ¿Cuál es el plan que Dios está creando en nosotros? San Ignacio ofrece el Principio y Fundamento para que lo consideremos. No sabemos con certeza cómo lo utilizó él. Algunos creen que san Ignacio entablaba una relación con una persona y que pasaba días, semanas, quizás meses, hablando con esa persona sobre el propósito de la vida. Cuando Ignacio veía que la persona en cuestión lograba cierto nivel de claridad, la invitaba a hacer los ejercicios. Pero el Principio y Fundamento existe como una reflexión individual para que pensemos en esto al comienzo de los ejercicios. A continuación se exponen las verdades fundamentales y las actitudes básicas del corazón a las que se nos llama en el Principio y Fundamento.

Somos amados

La primera premisa es que somos creados por Dios. Somos criaturas. A veces lo olvidamos. San Ignacio nos quiere recordar que sea lo que sea que hagamos durante el resto de los ejercicios, lo haremos como personas creadas por Dios. Somos creados para alabar, venerar y servir a Dios. Por lo tanto, dependemos de Dios, no solo para nuestra creación, sino en cada momento de nuestra existencia. Dios nos crea continuamente. Somos un puro don. Y san Ignacio nos dice que debemos asirnos firmemente a esa verdad al comenzar.

Somos creados por amor. Dios nos ama. Esta idea queda más clara en la paráfrasis contemporánea del Principio y Fundamento. La experiencia de ser amados por Dios es la gracia cristiana fundamental. Sin esa experiencia, sin nuestra creencia en ello, nuestra vida cristiana irá a la deriva, convirtiéndose en un intento alocado de ganarnos el amor de Dios. No tenemos que ganarnos el amor de Dios. Dios nos ama, incondicionalmente, desde el momento de nuestra concepción.

En el Principio y Fundamento se nos invita a ver el mundo como fruto del amor. Debemos afirmar la bondad del mundo. La primera gracia consiste en entender que cada uno de nosotros es fruto del amor de Dios. Isaías 44 dice: "El Señor que te hizo, que te formó en el vientre y te auxilia". Y leemos en Isaías 49: "¿Puede una madre olvidarse de su criatura, dejar de querer al hijo de sus entrañas? Pero, aunque ella se olvide, yo no te olvidaré". "Mira, en mis palmas te llevo tatuada". Es esa experiencia de la fidelidad de Dios, de su amor y de su cuidado lo que nos hace estar seguros de que Dios nos ama y de que el mundo es fruto del amor. El mundo es un don que viene de las manos de un Dios de amor.

Podemos afirmar esto en nuestra mente, pero ¿lo creemos con el corazón? Mi experiencia al facilitar los ejercicios y brindar dirección espiritual es que a algunas personas les resulta muy difícil creer que somos amados por Dios de una manera profunda, íntima y hasta apasionada. Pero esta es la gracia fundamental desde la cual fluyen el resto de los ejercicios. Sin ella es difícil seguir adelante, especialmente en la primera semana de los ejercicios, cuando se lidia con nuestro pecado.

San Pedro Fabro, uno de los estudiantes que fue compañero de san Ignacio en la Universidad de París, quiso hacer los ejercicios, pero Ignacio se negó porque pensó que no estaba preparado. Pedro Fabro tenía una imagen espantosa de Dios; le tenía terror a Dios y creía que era un juez severo. San Ignacio le hizo esperar cuatro años, hasta que tuvo un sentimiento profundo de que Dios lo amaba. San Ignacio pensaba que esa actitud del corazón era la gracia fundamental necesaria para hacer los ejercicios espirituales.

En cierto modo los ejercicios no son más que un conjunto de maneras de experimentar el amor de Dios. Experimentamos el amor de Dios en la creación, en el perdón, en su llamado, en su invitación al Misterio Pascual, en su llamado a la vida eterna. Es una larga historia de amor. Por eso esta gracia fundacional es muy importante.

Liberándonos

La segunda gracia del Principio y Fundamento es ver cada cosa que vivimos como un don de Dios. Todo es un don que debemos usar para alabar a Dios, venerar a Dios, servir a Dios, para servirnos unos a otros y para amar a los demás. Dice san Ignacio que para lograrlo "es menester hacernos indiferentes a todas las cosas creadas". *Indiferente* no es la palabra ideal para nosotros, pues significa que algo no nos importa, como cuando decimos: "Elige el restaurante para la cena; chino o italiano, me es indiferente". Pero no es eso lo que san Ignacio implicaba cuando usaba la palabra *indiferente*. Lo que dice es que estamos tan profundamente comprometidos con Dios, y con seguir a Dios y seguir su plan, que todo lo demás es secundario a ese único objetivo y a ese único propósito. Decimos: "Dejaré todo lo demás de lado. Me es indiferente. Estoy equilibrado". La única cuestión es preguntarnos si habrá algo que nos podrá acercar más a Dios o no. San Ignacio habla del director espiritual y de quien hace los ejercicios estando en equilibrio, de manera que pueden elegir lo que mejor nos puede llevar a realizar la voluntad de Dios. La indiferencia es una preferencia por Dios y por el plan de Dios que abarca todo lo que hacemos.

Una palabra mejor que indiferencia puede ser *libertad*. Debemos ser libres para poder elegir aquello que le da mayor gloria a Dios. Hay muchas cosas que ocupan nuestro corazón, muchas cosas que nos pueden impedir tener la libertad suficiente como para oír el llamado de Dios en nuestra vida.

Nos echamos atrás. Le decimos a Dios: "Haré cualquier cosa siempre y cuando no tenga que renunciar a *esto* en particular". A esto san Ignacio lo llama tener "afecciones desordenadas", eso que nos atrapa y no nos suelta, que no nos deja libres para oír el llamado a algo nuevo o distinto para nuestra vida.

Los ejercicios espirituales tratan de ayudarnos a que logremos ser libres. San Ignacio creía que una vez que logramos alcanzar la libertad de verdad, el resto es sencillo. Las decisiones se hacen claras. Sabemos qué hacer. El desafío es liberarse, llegar a ese punto de equilibrio donde podemos decir: "Dondequiera que me llames, Dios, iré". Teilhard de Chardin lo llamaba "indiferencia apasionada" [v.d.t.]. Todos necesitamos sentir esa indiferencia apasionada, estar tan comprometidos con Dios y con su proyecto. Todo lo demás podemos tomarlo o dejarlo, según nos lleve o no al objetivo. Esta libertad es la libertad de comprometernos.

Todo es un don

Siempre estamos tentados a no valorar las cosas, a perder la noción de que todo lo que tenemos es un don de Dios. Pero podemos mantener esa sensación de ver las cosas como dones de Dios si nos mantenemos en contacto con el Dador. Las cosas dejan de ser dones cuando nos las apropiamos, cuando las reclamamos, cuando las apretamos entre las manos y decimos: "Esto es mío".

Les cuento una humilde lección de mi propia vida. Hace unos quince años tuve que mudarme. Había vivido en ese lugar durante mucho tiempo y tenía mucho que empacar. Quise deshacerme de algunas cosas. Fui ordenado sacerdote en 1969 y en los años setenta cada vez que hacíamos un retiro o dábamos una charla alguien nos daba una vela, una estola o una figura. Estos objetos tenían un gran significado en el momento en cuestión. A la hora de mudarme tenía todas esas cosas que me recordaban experiencias maravillosas que había vivido a lo largo de los años. Pero al mirarlas mientras empacaba no podía recordar de dónde provenía una vela en particular. Sé que simbolizaba un momento muy importante y emotivo en el que Dios estaba presente, pero no recordaba el momento. Después tomé otra vela, y entonces recordé de dónde venía esta. Recordé ese retiro y la persona que me la había dado.

Comencé a hacer dos pilas: una para estolas y velas y cosas que no podía recordar de dónde venían, y otra para aquellas de las que sí recordaba la persona y la ocasión. Me senté, las contemplé y me dije: "Las cosas de la primera pila son posesiones; las de la segunda, dones". Los dones se relacionaban con un dador. Sabía quién me las había dado. Todavía sigo pensando que son dones. Las cosas de la otra pila eran nada más que posesiones. Así que me deshice de las posesiones y conservé los dones.

El Principio y Fundamento nos recuerda que todo en la vida es un don que viene de las manos de un Dios de amor. Todo nos es dado. Cuando nos apropiamos de algo convirtiéndolo en posesión, perdemos contacto con el Dador.

Gratitud y confianza

En Principio y Fundamento se nos llama a la gratitud. San Ignacio dijo a un amigo que el pecado más grande es la ingratitud. Y, de hecho, la ingratitud es la fuente de todo pecado porque cuando tomamos algo y no le damos buen uso o cuando tomamos algo y nos apropiamos de ello, le quitamos su valor como don. No reconocemos al Dador.

En Principio y Fundamento se nos llama también a confiar. Si creemos que hay un dador que siempre da, no es necesario que nos aferremos a las cosas, pues siempre vamos a recibir más dones. Somos llamados a abrir las manos y a confiar en el Dador, pues el Dador es fiel. Compartamos el don porque el Dador nos va a dar más. Ese sentido de confianza, de que Dios se ocupa de nosotros, nos conduce a la libertad.

Por último, en Principio y Fundamento se nos hace un llamado a que seamos buenos administradores. Si todo lo que tenemos son dones, debemos cuidarlos, valorarlos y compartirlos. Es esta la razón por la que Dios nos da nuestros dones. El momento en que empezamos a acumularlos en lugar de compartirlos, el momento en que los descuidamos, los dejamos de ver como dones que vienen de las manos de un dador.

En Principio y Fundamento se nos habla de las maravillas de la creación y del don de la vida. Se nos llama a la gratitud, a la libertad para poder tomar decisiones llenas de vida y amor. La libertad viene de saber que somos amados y que recibimos dones. Eso es lo que libera a nuestro corazón. Es la libertad de hallar a Dios en nuestras experiencias y en el mundo que nos rodea. Es la libertad que viene de experimentar a un nivel personal y muy profundo que Dios nos ama.

Eso es lo que san Ignacio vio en su visión en el río Cardener. Allí vio todo en el mundo como don de Dios en su camino de regreso a Dios. La visión de san Ignacio, una imagen del mundo como don y de nuestra vida como don, una visión que nos invita a responder libremente desde el amor, permaneció con él durante toda su vida.

5
La dinámica de los ejercicios

En Principio y Fundamento se nos brindan los cimientos de los ejercicios espirituales: somos creados por Dios, dependemos de Dios y somos amados por Dios. En Principio y Fundamento se afirma que Dios nos crea por amor. Deseamos tomar decisiones que nos acerquen a Dios. Con esta premisa comienzan los ejercicios espirituales propiamente dichos.

Los ejercicios se dividen en cuatro "semanas". No se trata de semanas de siete días; más bien son etapas de crecimiento en nuestra relación con Dios. Las etapas son: 1) experimentar que Dios nos ama incondicionalmente; 2) experimentar el perdón; 3) experimentar el llamado a ser discípulos de Jesús y 4) experimentar el misterio cristiano de la muerte y Resurrección de Jesús. Las cuatro semanas nos llevan a través de este proceso: nos invitan a la conversión, a un sentido de vocación, a una purificación y una unión más profunda con Dios. Esta es la historia de salvación personal que Dios desea para cada uno de nosotros. Es la vida cristiana; es la salvación cristiana.

San Ignacio nos da una serie de "ejercicios": meditaciones, reflexiones y contemplaciones. Algunos de estos ejercicios apelan al intelecto. Otros son de una índole más afectiva. Algunos son muy imaginativos, pues san Ignacio desea sacar a la luz sentimientos profundos sobre quiénes somos y sobre quién es Dios; quiere que tengamos un conocimiento interior de Dios y de nuestros mayores y más generosos deseos. No quiere imponernos nada. Cree que en cada uno de nosotros está ya el deseo de Dios, del perdón y de seguir a Jesús. Quiere ayudarnos a estar en contacto con esos deseos por medio de los ejercicios espirituales. Quiere que atravesemos nuestros deseos superficiales y lleguemos a los deseos más profundos de nuestro corazón, esos deseos que Dios sembró allí.

Al inicio de cada ejercicio, san Ignacio menciona una gracia para que recemos. Al final de cada ejercicio nos invita a un "coloquio", a una conversación con Dios. La gracia y esta conversación son el eje de los ejercicios. En estos nos concentraremos a medida que analicemos la dinámica de los ejercicios. Al analizar los ejercicios espirituales vemos el proceso y la dinámica: la gracia por la que rezamos y el tipo de conversación a la que se nos invita. Veremos todo esto a medida que avancemos con los ejercicios.

Primera semana: el perdón

La primera semana fluye de esa sensación de ser amados vivida en el Principio y Fundamento. El fundamento nos pone en contacto con el amor de Dios y con la noción de que nuestra vida es un don. Nos hacemos conscientes de la enorme deuda que tenemos con Dios por nuestra existencia misma y por la invitación a la vida eterna y la salvación. Sabemos que nuestra respuesta debería ser de alabanza, veneración, agradecimiento y gran confianza en Dios.

En algún momento, después de reflexionar en el fundamento durante un período, la mayoría de la gente se da cuenta de que no ha respondido de forma adecuada al amor de Dios. Nos percatamos de lo inadecuada que es nuestra respuesta, de nuestra falta de gratitud, del rechazo al amor de Dios, de nuestra pecaminosidad, de nuestro quebrantamiento y de la manera en que hemos recibido los dones de Dios y los hemos convertido luego en meras posesiones.

En ese momento comenzamos a confrontar el pecado. Para san Ignacio el pecado es una falta de orden en nuestra relación con Dios y con los demás. Es un no seguir el plan. Es un no estar en sincronía, ni en orden. Para san Ignacio el pecado es sinónimo de ingratitud: todo pecado surge cuando no valoramos el don y abusamos de él de maneras que pueden ir desde desecharlo hasta tomarlo y no compartirlo.

San Ignacio no se preocupa mucho de los detalles del pecado; para él el pecado no es simplemente algo que hacemos, el pecado es ingratitud, el pecado es ausencia de libertad. Son las afecciones desordenadas a las que nos aferramos, las cosas que nos esclavizan, todo aquello que se interpone y nos impide servir y amar a Dios y amarnos los unos a los otros.

En la primera semana san Ignacio nos invita a primero reflexionar en la historia del pecado. Nos hace considerar la caída de los ángeles, nos hace revisar la historia de Adán y Eva y también nuestra propia historia. Desea que tomemos conciencia de que no estamos solos. Así pensamos: "No soy el primero en pecar. Yo no inventé el pecado, sino que nací en medio del pecado". Hay una historia de salvación, pero también hay una historia de pecaminosidad en la que nacemos. San Ignacio desea que reflexionemos sobre esto y que nos demos cuenta de que somos parte de esa historia.

San Ignacio trata un segundo tema: no desea que nos enfoquemos solamente en el pecado, desea que nos enfoquemos en la misericordia de Dios, en el amoroso perdón de Dios a través de Jesús. Por lo tanto, la gracia por la que rezamos en esta primera etapa de los ejercicios es la gracia de sentirnos pecadores amados. Somos pecadores. Estamos quebrantados. A veces somos ingratos, y a veces egoístas. Pero somos amados. Como dice Pablo en la epístola a los Romanos: "Dios nos demostró su amor en que, siendo aún pecadores, Cristo murió por nosotros".

La experiencia de la primera semana es la de ser amado como pecador. Nos damos cuenta de que necesitamos un salvador y que tenemos un salvador en Jesús. Tenemos la gracia de vernos como Dios nos ve. Esto es difícil de lograr; a menudo somos muy duros con nosotros mismos. San Ignacio quiere que veamos la misericordia y el amor de Dios. Rezamos entonces desde nuestro arrepentimiento, pidiendo que seamos capaces de mostrar una profunda gratitud por la misericordia de Dios y por su perdón. Somos confrontados con nuestra pecaminosidad, nuestro desamparo, nuestra necesidad de Dios y nuestra necesidad de salvación. Pero sobre todo, somos confrontados con la inmensa bondad y misericordia de Dios.

San Ignacio nos invita entonces a conversar con Jesús al pie de la cruz. Nos pide que imaginemos a Jesús nuestro Señor colgado en la cruz y que conversemos con él de una manera totalmente abierta e íntima. Le preguntamos cómo fue que, aunque es el Creador, llegó a ser una persona de carne y hueso. ¿Cómo ocurrió esto? ¿Por qué lo hizo? ¿Cómo fue que pasó de la vida eterna a la muerte, y cómo fue que llegó a morir de esa manera por nuestros pecados? Es algo muy personal. Jesús no murió por los pecados en general, sino por los pecados de cada uno de nosotros. Quedamos asombrados y nos maravilla darnos cuenta de que Jesús murió por nuestros pecados individuales.

De manera similar, san Ignacio desea que reflexionemos sobre nosotros mismos y que nos hagamos tres preguntas: a la luz de este amor que me creó, que me perdona, que me llama a la vida, ¿qué he hecho yo por Cristo? ¿Qué estoy haciendo yo por Cristo? ¿Qué es lo que debería hacer yo por Cristo? San Ignacio siempre se preguntaba: ¿Qué es lo que *yo* hago? No basta con vivir una experiencia maravillosa. La cuestión es: ¿Qué estoy llamado a *hacer* yo? Esta es una espiritualidad de acción, de salir a hacer algo. Y esa cuestión seguirá presente con cada uno de nosotros a lo largo de los ejercicios: "¿Qué debo hacer? ¿Cuál es mi llamado? ¿Cuál es mi vocación? ¿Qué me pide Dios que haga?".

San Ignacio nos invita luego a contemplar a Jesús en la cruz y a expresar cualquier cosa que nos venga a la mente. No nos dice qué es lo que debemos decir. Nos dice: "Es entre el Señor y tú. Di lo que te venga a la mente. Di lo que deseas decir y después escucha lo que el Señor desea decirte" [v.d.t.].

La gracia de la primera semana consiste en llenarnos de gratitud por el fiel amor de Dios, aun a pesar de nuestra infidelidad. De esto se trata la primera semana. No es una semana fácil, es todo un desafío, pero al final es un gran consuelo.

La segunda semana: el llamado

Sentir que somos amados y perdonados nos abre el corazón y nos libera para escuchar el llamado de Dios. Hay una conexión: la gratitud nos ensancha el corazón, nos llena con el deseo de compartir esta buena nueva. Deseamos contar a los demás que Dios nos ama y que nos perdona. La gratitud es contagiosa, nos predispone al servicio.

Hay dos historias maravillosas en el Nuevo Testamento que demuestran esta conexión entre el perdón y el servicio. San Pedro está en las dos. En la primera historia están Pedro, Jesús y los demás discípulos pescando. Como de costumbre, Pedro no pesca nada (alguien dijo una vez que en las Sagradas Escrituras, Pedro jamás pesca nada sin que haya un milagro de por medio). Jesús le dice a Pedro que arroje la red del otro lado. De repente, la barca se llena de pescados.

¿Cómo responde Pedro? Se da cuenta de que hay algo fuera de lo común en Jesús, y se postra en medio de la barca y dice: "¡Apártate de mí, Señor, que soy un pecador!". Si bien no está registrado en las Sagradas Escrituras, imagino que Jesús le habría querido decir algo así como: "Ahora no, Pedro.

Puedes convertirte más tarde. Estamos por hundirnos; llevemos la barca a la orilla". Lo que Jesús sí le dice es: "En adelante serás pescador de hombres". Pedro vivió una experiencia que le dio un profundo sentido de no ser digno ante Jesús, y en ese momento Jesús envía a Pedro a compartir la Buena Nueva.

La otra escena conmovedora sucede a orillas del lago, después de la Resurrección. Pedro había negado tres veces a Jesús. Ahora Jesús le lleva a un lado; no le pregunta si lo lamenta ni por qué lo negó. Le pregunta tres veces: "¿Me quieres?". Cada vez, Pedro le responde: "Sí, Señor, tú sabes que te quiero". Tres veces Jesús le hizo decir a Pedro "Lo siento" al decir "Te quiero", y cada vez Jesús le dijo: "Apacienta mis corderos; apacienta mis ovejas". Una vez que sabemos que somos perdonados, podemos compartir ese perdón.

Esa experiencia de perdón nos lleva a la segunda semana de los ejercicios espirituales. La segunda, tercera y cuarta semana son realmente un proceso que nos ha de llevar a la decisión de lo que significa para cada uno de nosotros, de manera individual, seguir a Jesús y compartir la Buena Nueva. San Ignacio nos invita a oír el llamado de Cristo y a discernir lo que significa seguir a Jesús.

En la segunda, tercera y cuarta semanas san Ignacio nos invita a contemplar la vida de Jesús. Comienza con la Anunciación y continúa hasta la Resurrección. En la segunda semana contemplamos la misión de Jesús como la describen los Evangelios. Nos introducimos en las escenas del Evangelio de una manera que nos ayuda a crecer en el conocimiento y el amor a Jesús. Cada vez que rezamos en esta segunda semana, rezamos por la misma gracia: conocer a Cristo de manera más íntima, amarlo más intensamente y seguirlo más de cerca. Como dice una canción del musical *Godspell*, "Ver a Jesús con más claridad, amarle más, seguirlo más de cerca, día a día" [v.d.t.]. Es la gracia de conocer, amar y seguir. La segunda semana de los ejercicios se centra en el discipulado, que es realmente de lo que se trata el cristianismo. El discipulado es el llamado a caminar con Jesús, a trabajar con Jesús y a llevar el mundo de regreso a Dios.

El enfoque de la segunda semana es la contemplación de las historias de los Evangelios. Lo hacemos por medio de una oración imaginaria en la que ingresamos en la escena de los Evangelios y nos convertimos en parte de esta. Vivimos los acontecimientos junto con Jesús y los discípulos. Nos convertimos en los protagonistas de los Evangelios. Somos aquellos que son sanados y perdonados. Somos aquellos que son alimentados. Somos los discípulos que alimentan a las personas. Rezar de esta manera nos hace participar de la vida de Jesús.

En el centro de la segunda semana está también el tomar la decisión de cómo vivir nuestra vida como discípulos de manera específica y concreta. Cada uno de nosotros se pregunta: "¿De qué manera me llama Dios, en mis circunstancias, a servir a otros, a ser un discípulo con Jesús?". Queremos hallar nuestro lugar en el ritmo de la historia de la salvación que todavía está vigente. Dios sigue salvando personas. El mundo vino de Dios y regresa a Dios. Estamos justo en medio de todo esto y nos preguntamos: "¿De qué manera puedo trabajar con Jesús en la obra de salvación que se realiza hoy? ¿Dónde debo ubicarme en el desarrollo actual del plan de Dios?".

Deseamos la misma experiencia que san Ignacio tuvo en La Storta: ser colocados al lado de Cristo y trabajar con él para traer el mundo de regreso a Dios. La segunda semana se centra en que cada uno de nosotros pueda tener su propio La Storta y que podamos experimentar por nosotros mismos dónde Dios nos ubica para seguir a Jesús. Esta semana es fundamental en la experiencia de los ejercicios: apela a nuestra libertad, nos desafía a ir de la oración a la acción y a vivir el discipulado, nos reta a conocer y a amar a Jesús y, finalmente, a seguirle.

La tercera semana: participar en el padecimiento y muerte de Jesús

La tercera semana de los ejercicios espirituales continúa con la vida de Jesús llegando a su Pasión y muerte. Se nos invita a estar con Cristo en su Pasión; se nos llama a salir de nosotros mismos. En las semanas anteriores reflexionamos sobre nuestra pecaminosidad con el amor que Dios nos tiene y en lo que Dios nos llama a hacer. Hemos conocido mejor a Jesús. Ahora se nos invita a acercarnos a Jesús, a estar con él en su Pasión, a salir de nosotros mismos y unirnos a su padecimiento.

Rezamos por la gracia del arrepentimiento, pues el Señor va hacia la muerte a causa de nuestros pecados. Así es lo mucho que nos ama. Entramos en el misterio de la Pasión y muerte de Jesús, que es el centro mismo del mensaje cristiano.

La tercera semana es también lo que san Ignacio llama un tiempo de confirmación. En la segunda semana tomamos una decisión sobre cómo seguir a Jesús. Ahora san Ignacio nos invita a llevar esa decisión ante Cristo en la cruz, a pararnos frente al Cristo crucificado y decir: "Esta es mi decisión". Mientras estamos de pie frente a la cruz, preguntamos: "¿Puedo ser, voy a ser, un siervo sufriente de la misma manera en que Jesús es un siervo sufriente?".

La tercera semana es también un tiempo para pedir fortaleza para ser fieles en la decisión tomada. Hemos tomado una decisión, pero quizás ahora dudemos. Al día siguiente es posible que digamos: "Esperen un momento, ¿qué hice? ¿En qué lío me metí?". San Ignacio nos pone en el huerto con Jesús en medio de su lamento con el Padre. Jesús le pide que aparte de él la copa del sufrimiento, pero al final se rinde a la voluntad de Dios. Del mismo modo que nosotros, el Jesús humano no está seguro de su decisión.

En la tercera semana hallamos la fortaleza para vivir la decisión que tomamos y para sobreponernos a la tentación de arrepentirnos de haber tomado esa difícil decisión.

La tercera semana es también un tiempo para profundizar nuestro conocimiento de Jesús. Solo en el misterio de la muerte y Resurrección podemos realmente comprender quién es Jesús. Es solo cuando enfrentamos esa muerte y Resurrección que entendemos su misión. Es solamente en su morir y resucitar que conocemos la profundidad de nuestro pecado y la profundidad de su amor: Jesús se vació por completo y se dio a sí mismo para nosotros. No podemos conocer a Jesús hasta que nos paramos frente a la cruz, pues la cruz revela quién es él. El amor de Jesús es el amor que nos salva. Ese amor nos desafía a ser discípulos, a tomar la cruz y seguirle. Tenemos que dejar morir al "yo" para poderlo seguir. Hallamos la fuerza para hacerlo al pie de la cruz.

Pero lo más importante es que es allí, al pie de la cruz, donde de repente nos sentimos abrumados ante el hecho de cuánto nos ama Dios. Como dice Pablo en la epístola a los Romanos, que un amigo dé su vida por nosotros es algo admirable, pero Jesús dio su vida por nosotros aun cuando somos pecadores. Esto es cuánto nos ama. En la tercera semana dejamos que este conocimiento nos empape.

La cuarta semana: participar en el gozo del Cristo resucitado

La historia de Jesús tiene un final feliz en la Resurrección. En la cuarta semana de los ejercicios somos llamados a unirnos con Cristo en su Resurrección. San Ignacio nos invita a un encuentro con Cristo resucitado en las apariciones de la Resurrección.

En los ejercicios hay un interesante comentario que arroja luz sobre la espiritualidad de san Ignacio. Nos pide que recemos sobre todas las apariciones de Jesús resucitado en las Sagradas Escrituras, pero nos dice que la primera vez que ocurre es cuando Jesús se aparece a su madre. San Ignacio reconoce que, si bien esto no aparece en ningún lugar en las Sagradas Escrituras, si no pensamos que Jesús iría primero a su madre tras su Resurrección de entre los muertos, estamos "sin entendimiento". En otras palabras, si dudamos de que este buen joven judío fuera a su madre a decirle: "Mamá, resucité", entonces no conocemos bien a Jesús. Así, esta maravillosa escena en la que Jesús se le aparece a María viene en primer lugar, antes de las otras escenas donde Jesús resucitado se aparece a otros.

La gracia por la que rezamos en la cuarta semana es la de regocijarnos y alegrarnos por el gozo de Jesús. Aquel a quien amamos ya no sufre más. Ha resucitado. Nos regocijamos porque aquel a quien amamos ha sido alzado. Jesús ya no padece y la muerte no tiene poder sobre él, y de nuevo vive la plenitud de la vida.

Una vez más, esta gracia nos hace salir de nosotros mismos. Suele resultarnos difícil ser felices con alguien más, compartir la dicha de otros. A veces es casi más fácil estar tristes con los demás. Alguien nos dice: "He tenido un día espantoso", y nosotros contestamos: "Sé cómo te sientes". Y de verdad *lo sabemos*. La conexión es inmediata. Pero cuando tenemos un mal día y alguien nos dice: "¡Es un día estupendo!", quizás queramos contestar: "No me lo cuentes. No estoy de humor". Requiere mucha abnegación y generosidad decir: "¡Cuánto me alegro! Cuéntame acerca de todas las cosas buenas que te han pasado".

La cuarta semana es un tiempo para vivir la experiencia de Jesús como consolador. Eso es lo que es Jesús resucitado cuando aparece. Las historias suelen comenzar con personas tristes y deprimidas y Jesús se les aparece y las consuela. San Ignacio dice que eso es lo que Jesús desea hacer por nosotros. Desea consolarnos, entrar en nuestra vida para llenarla de gozo y expandirla.

Estas experiencias del Cristo resucitado nos dan una idea renovada de lo que es nuestra misión. Deseamos compartir la Buena Nueva. Cuando nos sucede algo maravilloso no pasamos directamente a otra cosa. Buscamos a alguien y decimos: "Déjame contarte algo maravilloso que me ha pasado". Queremos compartir ese gozo. Estamos llegando al final de los ejercicios espirituales. Vivimos el gozo de Jesús y de los discípulos, y sentimos el impulso de compartirlo con los demás. En el camino a Emaús, los discípulos no siguieron con otra cosa después de encontrarse con Jesús al partir el pan. Corrieron a Jerusalén y dijeron: "Ni se imaginan lo que nos pasó. Nos encontramos con Jesús en el camino". Lo mismo ocurre con nosotros después de encontrarnos con Jesús resucitado en la cuarta semana.

El caminar hacia Dios

La dinámica de los ejercicios es liberarnos para poder responder con generosidad y amor al llamado de Cristo. Nos adentramos más en el misterio de su muerte y Resurrección, que es nuestra salvación y la salvación del mundo. Entramos en la historia de Jesús para que sus historias toquen las nuestras y las transformen. Somos las personas de los Evangelios. Somos aquellos ciegos, sordos, hambrientos y necesitados de consuelo, y Jesús desea sanarnos y alimentarnos y de consolarnos.

Esta es la razón por la que los ejercicios espirituales siguen vigentes después de 450 años. De algún modo san Ignacio captó el paradigma de la conversión cristiana y el modelo de vida cristiana que todos somos llamados a compartir. Los ejercicios espirituales nos ayudan a vivir esa conversión de una manera estructurada para que podamos tener la profunda sensación de ser amados, perdonados y llamados por Dios y de estar en unión con él. Este es el caminar hacia Dios, que es el caminar de todo cristiano. Y en última instancia, es a donde nos dirigimos todos. Es un camino individual para cada uno de nosotros, con sus sendas y experiencias únicas. Incluye nuestros dones, las circunstancias de nuestra vida y el movimiento de la gracia de Dios en nuestro ser. Los ejercicios espirituales tratan sobre el amor de Dios: el amor de Dios que nos crea, el amor de Dios que nos perdona, el amor de Dios que muere y resucita por nosotros, el amor de Dios que nos salva y el amor de Dios que nos llama a la vida eterna.

Recorremos juntos este camino, y esta es la razón por la que los ejercicios espirituales siguen siendo relevantes para nosotros, como seguramente lo seguirán siendo en el futuro.

6
Las meditaciones clave de los ejercicios espirituales

En el capítulo anterior vimos cómo la dinámica de los ejercicios espirituales nos conduce a través de los movimientos del amor de Dios: el amor de Dios que nos crea, que nos perdona, que nos llama y que nos invita a una unión más profunda haciéndonos partícipes de la muerte y Resurrección de Jesús. Esto se hace, en gran medida, por medio de varias meditaciones clave. Veamos de qué manera nos conducen con más profundidad hacia la visión y los valores de la espiritualidad ignaciana.

El llamamiento del rey

La meditación de *El llamamiento del rey* es una transición que nos lleva de reflexionar sobre el pecado y la misericordia en la primera semana a reflexionar sobre el discipulado en la segunda semana. Es probable que esta meditación se fundamente en la visión que san Ignacio tuvo en La Storta. Allí, san Ignacio vio a Jesús llevando su cruz y escuchó al Padre decir a Jesús: "Quiero que lleves a este hombre [Ignacio] a trabajar contigo". Y Jesús lo miró y le dijo: "Ven a trabajar con nosotros". Esta fue una experiencia profunda para san Ignacio que confirmaba la dirección que necesitaba su vida y donde se le ubicó bajo el estandarte de Cristo, que era un estandarte de pobreza y humildad.

La visión de Ignacio dio forma al ejercicio de *El llamamiento del rey*. Este ejercicio es más bien una "consideración", pues no es realmente una meditación ni una contemplación, sino algo sobre lo que debemos pensar. Nos invita a tener nuestra propia experiencia personal de La Storta.

San Ignacio comienza imaginando un rey terrenal que se para delante de la gente y dice: "Quiero crear un mundo mejor y traer paz y justicia, y quiero que todos ustedes me sigan. Será difícil, pero finalmente triunfaremos" [v.d.t.]. San Ignacio nos pide reflexionar sobre esa parábola y después considerar nuestra respuesta. ¿Qué pasaría si alguien nos dijera: "Te aseguro que si trabajas conmigo durante los próximos seis meses, terminaremos con la pobreza en tu ciudad". Si realmente creyéramos que esa persona es capaz de lograrlo, ¿qué pasaría en nuestro interior? Lo más probable es que dijéramos: "Sí, lo haré. Sé que será difícil, pero estoy dispuesto a hacerlo".

San Ignacio quiere que sintamos la espontánea generosidad, apertura y disposición a servir que él cree que está en el corazón de cada uno de nosotros. San Ignacio era consciente de que a veces este sentir está muy bien escondido y *El llamamiento del rey* es una herramienta para diagnosticar. Si alguien hace la reflexión pero no desea servir, ni desea ser generoso ni seguir adelante, san Ignacio le da las gracias y lo envía de vuelta a casa. El resto de los ejercicios cobra sentido solamente en el contexto de la apertura, la generosidad y el deseo de servir.

El llamamiento del rey pretende estimular esa generosidad y esa predisposición para el servicio. Pensemos, por ejemplo, en el famoso discurso de Martin Luther King, Jr.: "Tengo un sueño", y en la manera en que hizo reaccionar a tantas personas. Eso es lo que san Ignacio desea capturar en esta reflexión: esa pasión que todos tenemos dentro. Es un llamamiento al compromiso. Una vez que estamos comprometidos con este rey, san Ignacio nos dice que es un rey real, que su nombre es Jesús y que nos invita a hacer realidad el Reino de Dios. San Ignacio describe a Jesús como un líder que nos invita a participar en su obra, a trabajar con él en el sufrimiento y en la gloria y a participar en la obra de redención.

Aquí está la respuesta a la pregunta que hicimos al pie de la cruz en la primera semana de los ejercicios: "¿Qué debo hacer por Cristo?". Es el llamamiento del joven rico en el Evangelio: vende todo y sígueme, si deseas ser perfecto. Este llamamiento centra el Principio y Fundamento en la premisa de seguir a Jesús.

En *El llamamiento del rey* la gracia que pedimos en oración es no hacer oídos sordos al llamado del Señor, sino estar prestos y diligentes a cumplir con su santísima voluntad. Rezamos para no ser sordos, para estar abiertos, para estar dispuestos y para ser generosos. Esto es lo que le pedimos a Dios: "Dame un corazón generoso para que pueda seguirte. Quiero ser parte de este plan. Quiero hacer realidad esta gran obra con la que estás comprometido".

En este punto san Ignacio no quiere que tomemos una decisión. Todavía no sabemos lo que vamos a hacer. En eso trabajaremos durante el resto de la segunda semana de los ejercicios, cuando llegamos a comprender lo que significa caminar junto a Jesús. Todo lo que san Ignacio espera en este momento es que sintamos el deseo de ir a donde sea que el Señor nos invite a ir, y nos invita a seguirlo.

El llamamiento del rey moviliza nuestras energías. Nos invita a sentir nuestro sueño y a darnos cuenta de que Jesús es el cumplimiento de ese sueño. El sueño que todos tenemos es crear un mundo mejor, un mundo de paz y de justicia, un lugar donde se honra y respeta a las personas. ¿Podremos participar en el sueño que Dios tiene para el universo siguiendo a Jesús?

Para san Ignacio, Jesús, que es Creador, Señor y Salvador, es también un líder. Jesús es como un rey vivo que trabaja activamente en el mundo que nos rodea, busca hacer realidad el Reino de Dios y nos pide que trabajemos con él. Somos llamados a comprometernos con la persona y la misión de Jesús.

San Ignacio concibió su propia relación con Jesús en el contexto del mundo feudal de siglos atrás. Se veía a sí mismo como vasallo y a Jesús como el Señor. Esta era una relación personal de amor y de amistad, de participación en la experiencia de la otra persona, de un servicio mutuo que significaba fidelidad. Para san Ignacio, Jesús era su proveedor, protector, líder y amigo, y san Ignacio nos invita a ver a Jesús como proveedor, protector, líder y amigo. Es ese vínculo personal que san Ignacio tenía con Jesús el que nos invita a que nosotros también tengamos.

Contemplación de la Encarnación

En la meditación siguiente, san Ignacio imagina a las tres personas de la Trinidad en el cielo, mirando al mundo, que es un desastre. Hay mal; hay destrucción; todos se matan entre sí; todo es oscuridad. El Padre, el Hijo y el Espíritu miran y dicen: "¿Qué vamos a hacer con esto?". Después de deliberar, finalmente dicen: "Alguien debería descender y arreglar todo esto". Jesús dice: "Yo iré". La decisión es que el Hijo se hará carne para salvar al mundo.

La escena final que nos ofrece es la de la Anunciación. María dice sí al plan de Dios para que Jesús se haga carne por medio de ella y venga al mundo a traer la salvación. Esta contemplación es una imagen maravillosa que describe la manera en que san Ignacio consideraba el mundo: la gracia proviene de lo alto. Recordemos su experiencia en el río Cardener: todo proviene de lo alto. En la Encarnación la gracia de Dios proviene de lo alto. Vemos un mundo que necesita salvación; vemos entonces a una persona, María, y la importancia de su palabra y su respuesta al plan de Dios. María es el modelo para todos nosotros: decir sí a cualquier cosa a la que Dios nos invite a hacer para formar parte de su plan.

La contemplación de la Encarnación captura toda la visión que san Ignacio tiene del mundo como don de Dios, el mundo que regresa a Dios y lo importante que es la respuesta de cada persona a ese plan: "¿Diré sí, al igual que María? ¿Estaré abierto al plan de Dios en mi vida, sea cual sea ese plan?".

Las dos banderas

Para ser parte del plan de Dios, para ser discípulos de Jesús, debemos pensar y sentir como Jesús. Debemos adoptar sus valores y sus actitudes. Esto nos lleva a la tercera de las meditaciones clave: la meditación sobre las dos banderas.

Esta meditación es otro maravilloso ejemplo de la imaginación de san Ignacio. Nos pide que imaginemos dos grandes ejércitos: el ejército de Cristo y el ejército de Satanás. Al frente de cada ejército alguien lleva una bandera o estandarte que identifica al grupo. Lo que san Ignacio desea que hagamos es mirar a las dos banderas y meditar sobre lo que representan. En el contexto de esta segunda semana de los ejercicios vamos a tomar una importante decisión sobre cómo serviremos a Dios. Esta meditación nos prepara para reconocer la voluntad de Dios y para descubrir aquello que nos impide reconocerla. Hace que nos preguntemos: "¿Cuál es el obstáculo?".

Las dos banderas son la bandera de Cristo y la bandera de Satanás. Representan la lucha entre el bien y el mal en el mundo que nos rodea y dentro de nuestro corazón; la lucha entre las fuerzas que nos conducen a Dios y las fuerzas que nos apartan de él.

En esta contemplación san Ignacio quiere que entendamos las estrategias y las tácticas de las fuerzas del bien y del mal en el mundo y dentro de nuestro corazón. Para ello, describe una escena maravillosa y a la vez dramática. Por un lado está Satanás, sentado en un trono de fuego y humo. Es una imagen del miedo que nos quita la libertad. De la manera que san Ignacio lo imagina, Satanás envía a todos los demonios y las fuerzas del mal para esclavizar al mundo. Lo que allí sucede nos aterroriza. San Ignacio dice que la táctica del espíritu maligno consiste en esclavizarnos, en quitarnos la libertad, en capturar nuestros corazones para que no se abran a Dios. Y lo hace tentándonos con posesiones, con honores y, en última instancia, con la soberbia.

Por otra parte, Cristo está sentado en un lugar humilde, hermoso y acogedor. Cristo envía discípulos para conducir a las personas a la libertad, a vivir con desapego, a vivir en humildad. La gracia que pedimos en oración es saber qué es lo que no nos deja ser libres. Nos preguntamos: "¿Qué es lo que captura mi corazón? ¿Cómo es que caigo en la falta de libertad en mi vida?". Rezamos también para saber qué es lo que nos libera. La gracia reside en ver todo como un don, para que podamos ser humildes y estar abiertos al llamado de Dios.

San Ignacio no espera que digamos: "Supongo que seguiré a Satanás. Me gusta más esa visión". Ya hemos tomado la decisión de seguir a Cristo. Lo que quiere es que comprendamos los valores opuestos de Cristo y de Satanás, y cómo estos valores podrían estar todavía en pugna en nuestro corazón cuando tomamos nuestra decisión de vida. Quiere que comprendamos el contraste entre los valores de Jesús y los valores del mal. Jesús representa los valores del Evangelio, las Bienaventuranzas, el Sermón de la Montaña y nos llama a la simplicidad, a la pobreza de espíritu, a la compasión, al desinterés, al valor de la vida, a la familia y a preocuparnos por los necesitados. Podemos contrastar los valores de Jesús con los del consumismo y del individualismo de nuestra sociedad: un mundo de necesidades fabricadas; un mundo competitivo que fomenta el avanzar a toda costa; un mundo que ignora al débil, al que no es atractivo, al oprimido; un mundo donde crece el narcisismo, que pone al crecimiento, la franqueza, la independencia y la realización personal por encima de la fe, del compromiso, del sacrificio y de la responsabilidad.

Estos valores que se centran en el yo están en conflicto con los valores evangélicos de Jesús, que se despojó a sí mismo, que vino a servirnos, que vino a dar su vida. Jesús es el modelo de persona para los demás, la persona compasiva que anduvo por el mundo ayudando a los pobres y a los quebrantados. Los valores de Jesús son los valores del buen samaritano que hace un alto en el camino y por compasión extiende su mano al hombre al que nadie ayuda. Son los valores en la escena del juicio final en el Evangelio según san Mateo, cuando le pregunta a las personas: "Cuando tuve hambre, ¿me dieron de comer?". Estos son los valores de los que habla san Ignacio y que desea que tengamos presente. Al seguir a Jesús se nos invita a vivir estos valores, a tener la mente y el corazón de Jesús. Se nos llama a la compasión, a una comunidad que comparte en vez de a la codicia, a una comunidad de servicio en vez de a la explotación y a una comunidad de compasión en vez de a la competencia.

Estas son las visiones opuestas del mundo que san Ignacio quiere que consideremos. Debemos tener esto presente cuando tomamos nuestra decisión, debemos preguntarnos: "¿Dónde está mi corazón? ¿Cuáles son las cosas del lado de los valores de la oscuridad que me retienen, que me quitan la libertad, que me apartan de Dios?".

Los ejercicios espirituales tratan sobre la toma de decisiones. Podemos tomar esas decisiones desde los valores de Jesús y el Evangelio, o podemos hacerlo desde los valores de la oscuridad. Deseamos seguir a Jesús; hemos dicho: "Sí, Señor, deseo seguirte. Quiero trabajar contigo". Para poder hacerlo debemos conocer la mente y el corazón de Jesús. Debemos saber qué es lo que Jesús valora. Solo entonces podremos tomar decisiones que continúan con la misión de Jesús y que hacen el Reino de Dios una realidad.

San Ignacio dice que cada uno de nosotros debe descubrir cómo vivir esos valores del Evangelio en las circunstancias concretas de nuestra vida. Preguntamos: "¿Qué es lo que significa *para mí* participar en la misión de Jesús? ¿Qué significa *para mí* ser discípulo? ¿Qué significa *para mí* caminar con Jesús mientras carga la cruz?". Este es el desafío que san Ignacio nos presenta. Y no es sencillo; lo que se nos exige es mucho.

A lo largo del resto de la segunda semana, san Ignacio nos hace tomar una decisión. En la tercera semana nos invita a pararnos frente a Jesús con nuestra decisión y a preguntarnos de qué manera la decisión que tomamos se equipara con el amor de Jesús, el amor que fue capaz de ir a la muerte. ¿Podremos ponernos frente a la cruz con nuestra decisión y decir: "Sí. Acepto los valores de Jesús y quiero vivir esa decisión?". Esta es la confirmación que buscamos frente a la cruz. Por último, en la cuarta semana, se nos asegura que, si aceptamos esos valores y seguimos a Jesús, también participaremos de su victoria.

Resumamos estas tres meditaciones. *El llamamiento del rey* proviene de la experiencia de ser perdonados y amados por Dios. Escuchamos el llamado y rezamos pidiendo la gracia de no ser sordos a ese llamamiento. San Ignacio luego nos invita a ver cómo el plan de Dios se despliega en *La contemplación de la Encarnación*, cómo Dios desciende, cómo María es parte de ese plan y cómo nosotros somos invitados a ser parte de ese plan. Por último, en *Las dos banderas*, san Ignacio nos presenta los valores opuestos de Satanás y de Cristo para que podamos discernir correctamente el llamado que Dios nos hace.

Contemplación para alcanzar amor

La última meditación clave de los ejercicios espirituales es la *Contemplación para alcanzar amor*. Creo que esta contemplación capta la esencia misma de la visión ignaciana y expresa con claridad el foco de la espiritualidad ignaciana.

La *Contemplación para alcanzar amor* trata, en primer lugar, del amor de Dios hacia nosotros. Es un llamado a un conocimiento íntimo y al amor y al servicio a Dios. Busca llevarnos a un lugar desde el que podemos amar y servir a la Divina Majestad en todas las cosas. La gracia por la que rezamos es la gracia de pedir un profundo conocimiento interior de todo lo bueno que hemos recibido. Este conocimiento produce en nosotros una profunda gratitud. Cuando de verdad entendemos los dones de Dios en nuestra vida nos llenamos de gratitud y, conmovidos por esta gratitud, podemos servir y amar a la Divina Majestad en todas las cosas, amar y servir a Dios en todas las cosas. Esta es la gracia por la que rezamos en esta contemplación final.

San Ignacio comienza la contemplación con dos observaciones preliminares. En primer lugar dice que el amor se expresa con hechos, no solo con palabras. No es suficiente decir a Dios cosas agradables. El llamado debe hacerse realidad por medio de la acción. Si hay algo que capte la imagen de san Ignacio es que continuamente se pregunta: "¿Qué es lo que tengo que *hacer*?".

Su segunda observación es que el amor consiste en el mutuo dar y en el compartir de las posesiones. El amor es sinónimo de mutualidad. Ya que Dios nos lo dio todo, debemos darle todo a Dios y compartirlo con Dios y con quienes nos rodean. Por medio de este mutuo compartir surge la unidad del que ama con el amado.

San Ignacio ofrece cuatro puntos para la reflexión. Nos invita en primer lugar a tener presentes las bendiciones y los favores que recibimos. Reflexionamos en lo mucho que Dios ha hecho por nosotros, lo mucho que ha dado y lo mucho que desea darnos su propio ser. Esto nos lleva a un profundo sentido de gratitud.

El segundo punto de reflexión es la manera en que Dios habita en lo que nos ha dado. Dios no vuelca todos esos dones en nosotros y dice: "Arréglatelas". Dios habita en la creación, está vivo en la creación. Pero sobretodo, Dios habita en *nosotros*. Somos el templo de Dios. Dios habita en verdad en nuestro corazón.

Pero aún hay más. El tercer punto que san Ignacio nos ofrece es que Dios obra para nosotros en la creación, llevando el mundo de regreso a él, moviendo nuestro corazón, tratando de llevar el mundo hacia el Reino de Dios. Dios está en el mundo, obra en el mundo y participa activamente en el mundo.

Por último, en el cuarto punto de reflexión, san Ignacio nos hace considerar los dones de Dios y sus bendiciones como cosas que provienen de lo alto, para que podamos ser conducidos de nuevo a la fuente de todo bien. Si todo es un don, el don nos llevará de nuevo al Dador. Y ahí es donde nuestro corazón deberá finalmente residir: en Dios el Dador.

Estos no son solo pensamientos agradables. El propósito de esta contemplación es llevarnos a rendir nuestro corazón a Dios. Si el Principio y Fundamento trata de la trascendencia de Dios, esta contemplación final se enfoca en la inmanencia de Dios. Dios está entre nosotros, en nuestro corazón, en la creación. Somos llamados al servicio y a la gratitud. Estas son las dos palabras que debemos recordar de san Ignacio: *servicio* y *gratitud*. La gratitud nos lleva al servicio.

San Ignacio nos invita a rezar por ese profundo conocimiento interior sobre el don de la creación que nos lleva a responderle con amor y a servirle. Es un impulso que nos lleva del agradecimiento a darnos a nosotros mismos en servicio. Si Jesús trabaja para nosotros y con nosotros, estamos invitados a participar de la obra con él y a hacer realidad el Reino de Dios.

Toma, Señor, y recibe

Esta contemplación resume el mensaje de la espiritualidad ignaciana porque nos dice que encontremos a Dios en todas las cosas. ¿Dónde está Dios? Aquí, allá y en todas partes. Dios mora aquí. Dios obra aquí. Si llevamos la contemplación a nuestro corazón podemos llegar a ser "contemplativos en la acción", una frase acuñada por Jerónimo Nadal, uno de los primeros jesuitas que conoció muy bien a san Ignacio. Jerónimo Nadal dijo que Ignacio era un contemplativo en acción, un nombre arraigado en la *Contemplación sobre el amor de Dios*. Como contemplativos en acción, no rezamos en la mañana y después nos marchamos al trabajo. También rezamos mientras trabajamos. Somos contemplativos en medio de la actividad. A lo largo de nuestro día, estamos en contacto con Dios.

La *Contemplación para alcanzar amor* sintetiza los ejercicios espirituales, pero a la vez es una transición para salir del retiro y volver a la vida cotidiana. Allí es donde está Dios: en la vida cotidiana. Quizás queramos armar tres tiendas de campaña y quedarnos en la cima de la montaña, como hicieron los discípulos cuando Jesús se transfiguró delante de ellos. Pero no podemos hacer eso. Hemos vivido gracias maravillosas, pero es hora de hacer algo. Esto es lo que el ángel dijo a los discípulos después de que Jesús ascendió a los cielos: "¿Qué hacen ahí mirando al cielo? Vayan y hagan algo". En esta contemplación, san Ignacio nos da la energía para salir y hallar a Dios en nuestra vida cotidiana y para servirnos los unos a los otros.

La oración más famosa que se le atribuye a san Ignacio se llama *Suscipe*. Nos invita a recitarla como parte de la *Contemplación para alcanzar amor*:

> Toma, Señor, y recibe toda mi libertad,
> mi memoria, mi entendimiento y toda mi voluntad,
> todo mi haber y mi poseer.
> Tú me lo diste, a Ti, Señor, lo torno;
> todo es tuyo;
> dispón de ello conforme a tu voluntad.
> Dame tu amor y gracia, que esto me basta.

Qué oración tan difícil. Es una oración de entrega. Dice: "Tú me lo diste todo. Te lo devuelvo. Solo dame tu amor y tu gracia y eso será suficiente". Es la libertad absoluta de entregar todo para poder seguir a Jesús y vivir el llamado del Evangelio.

Esta oración de entrega total completa el ciclo de creación y redención. Todas las cosas provienen de Dios, y todas las cosas regresan a Dios. Devolvemos lo que hemos recibido. Como Dios ha dado al mundo el don de la creación y de la Encarnación, también nosotros deseamos participar en la obra de devolver ese don, tanto en la entrega personal como en el trabajar con Cristo para llevar todas las cosas de regreso a Dios. Queremos llevar todo de regreso al Dador de todos los dones.

Estas meditaciones son un llamado para seguir a Jesús en las circunstancias concretas de la vida que nos tocan a diario. Son decisiones que se forman según los valores evangélicos de Jesús. Estas decisiones nos permiten hallar a Dios en el mundo y trabajar con Jesús para llevar al mundo de regreso a Dios. Este es el recorrido de los ejercicios espirituales de san Ignacio: del amor al perdón, de ahí a la vocación y a la entrega.

Cuando lleguemos al momento de la entrega podremos hallar al Dios que estamos buscando. Descubriremos a Dios en nuestra vida cotidiana y también en nuestro corazón. Somos llamados a ser parte del gran plan de Dios. Este es el llamado en la oración de san Ignacio en la que pide generosidad:

> Verbo Eterno, Hijo unigénito de Dios,
> enséñame la verdadera generosidad.
> Enséñame a servirte como mereces.
> A dar sin llevar cuenta,
> a luchar sin temer las heridas,
> a trabajar sin buscar descanso,
> a sacrificarme sin esperar otra recompensa
> que la certeza de haber cumplido tu voluntad.
> Amén.

7
Las gracias de los ejercicios

Toda persona que hace los ejercicios espirituales se embarca en un viaje espiritual único. No obstante, creo que se pueden sintetizar las gracias que los ejercicios ofrecen en seis breves frases:

Somos amados.
Tenemos dones.
Somos perdonados.
Somos llamados.
Somos invitados.
Somos enviados.

Antes de considerar lo que san Ignacio nos dice sobre el discernimiento y la toma de decisiones, reflexionemos unos instantes sobre cada una de estas gracias.

Somos amados

La verdad más elemental del cristianismo es que Dios nos ama incondicionalmente. Nos ama desde el mismo instante de nuestra concepción. Somos amados para existir en cada uno de los momentos de nuestra vida. Si entendemos esto, entonces podemos entender cabalmente el cristianismo. Si no lo comprendemos, tendremos un entendimiento terriblemente equivocado del cristianismo, que nos llevará a un frenético, ansioso y compulsivo intento de ganar el amor de Dios y no a responder con amor a alguien que nos amó primero. Somos creados por amor desde el inicio mismo de los tiempos.

Somos creados con un propósito: conocer, amar y servir a Dios y llegar a la vida eterna con Dios para siempre. Este es el motivo por el que existimos desde el amor. San Ignacio dijo claramente que es necesario conocer el fin para el cual somos creados y reconocer que todo lo demás es un medio para llegar a ese fin. Dios nos pide que respondamos en amor y en servicio. Debemos mantener el corazón puesto en el objetivo y estar dispuestos a deshacernos de todo aquello que no nos conduce a ese fin. Debemos ser libres.

Tenemos dones

La segunda gracia es la gracia del don. Todo nos llega como un don de un Dios de amor. Todo en nuestra existencia se conecta con el Dador que por amor nos dio vida, salud, familia, talentos, amigos, oportunidades y todo lo demás. A veces tenemos la tentación de perder contacto con el Dador y no valorar las cosas. Suponemos que las cosas están para que las poseamos y dispongamos de ellas a nuestro antojo. Pero lo cierto es que todo es un don.

San Ignacio también dice que Dios está presente en todos estos dones. De hecho, Dios está obrando en estos. Todo refleja la gloria de Dios; todo puede conducirnos a Dios. El mundo, por lo tanto, es sagrado, es un lugar "impregnado de la grandeza de Dios", en palabras del poeta jesuita Gerard Manley Hopkins.

Nuestra respuesta es reverencia, asombro y admiración ante la belleza y lo sagrado de todas las cosas, ser conscientes de la presencia de Dios en nuestra vida y en nuestro mundo, tener un profundo sentido del misterio y del don de la vida. Nuestra respuesta más elemental es la gratitud. La gratitud es el centro de la espiritualidad ignaciana. Es la capacidad de advertir y reconocer que la vida es un don que ensancha nuestro corazón y que nos impulsa a compartir nuestros dones con los demás.

Somos perdonados

En los ejercicios, nuestra reflexión sobre el amor de Dios nos lleva a darnos cuenta de que no siempre hemos sido reverentes y agradecidos, que no siempre hemos obrado como criaturas que dependen de Dios, que no siempre hemos tomado decisiones que nos llevan a alabar, honrar y servir a Dios, que no siempre hemos obrado como si supiéramos que somos amados, que no siempre hemos tratado todas las cosas en nuestra vida como un don.

Llegamos a ser humildemente conscientes de que somos pecadores y que a menudo hemos sido desagradecidos e infieles, de que hemos fallado en nuestra respuesta a la oferta de amor que Dios nos hace al no amarlo a él y al no amar a nuestro prójimo. El pecado es el no tomarse la molestia de amar. El pecado no es solamente aquello que hacemos; es también aquello que dejamos de hacer. San Ignacio ve el origen de todo esto en la falta de gratitud: el no reconocer que todo es un don que debe ser apreciado, impulsado y compartido. Para san Ignacio la ingratitud es el mayor de los pecados y la raíz de todo pecado. Es, en última instancia, no amar a Dios como él nos ha amado.

Ser conscientes de esto nos lleva a sentir una gran pena. San Ignacio nos invita a rezar para que sintamos la pena y la vergüenza, para que logremos un profundo conocimiento interior de nuestra propia pecaminosidad, del desorden de nuestra vida, de nuestra ingratitud y de no haber respondido adecuadamente a la vida que Dios nos ofrece. Esta pena nos lleva a la contrición y al arrepentimiento, a mirar de nuevo hacia Dios, a quien hemos ofendido. Nos damos cuenta de que nos hemos alejado de aquel a quien más deseamos.

Somos pecadores, pero somos perdonados. Ambas cosas están conectadas. Solamente cuando reconocemos nuestra pecaminosidad y expresamos nuestra pena ante Dios podemos realmente experimentar la misericordia de Dios. Somos pecadores amados. Dios nos ama aun siendo pecadores. Solamente al conocer la profundidad de nuestro pecado podemos conocer la profundidad de la misericordia de Dios. No somos tan buenos como pensamos, pero somos amados más de lo que nunca hemos podido imaginar. Pensemos en las historias del hijo pródigo, de la mujer adúltera, de Pedro a orillas del lago. La mística Juliana de Norwich dijo: "Lo trágico de la vida no es el que pequemos, sino el que nunca llegamos a comprender de verdad cuánto nos ama Dios" [v.d.t.]. Recordemos las últimas palabras de Jesús en la cruz: "Padre, perdónalos, porque no saben lo que hacen".

Somos llamados

El mensaje fundamental del Evangelio es un llamado al discipulado, a seguir a Jesús. En los Evangelios nadie demuestra esto mejor que Pedro. Hay dos escenas que destacan en particular. Ambos encuentros surgen del hecho de que Pedro se da cuenta de su pecaminosidad y su debilidad. En el primero le dice a Jesús: "¡Apártate de mí, Señor, que soy un pecador!". En el segundo, a orillas del lago, después de la Resurrección de Jesús, Pedro dice: "Sí, Señor, tú sabes que te quiero". En ambas ocasiones Jesús le responde pidiéndole que continúe con su ministerio: "Sé pescador de hombres"; "Apacienta mis ovejas". Escuchamos el llamado de Jesús para seguirle cuando tomamos conciencia de nuestra pecaminosidad y de la misericordia de Dios.

El llamado de Jesús es un llamado para cada cristiano. Vivir la experiencia de ser amados y perdonados abre nuestro corazón a ese llamado. San Ignacio nos invita a oír ese llamado en la meditación de *El llamamiento del rey*, una parábola que nos puede ayudar a entrar en contacto con nuestra generosidad espontánea, con nuestra apertura y disposición a servir. Todos somos llamados a vivir los valores del Evangelio en nuestra vida como cristianos comprometidos, en nuestras familias, nuestros trabajos y en nuestras comunidades.

San Ignacio también nos pide contemplar a la Trinidad mirando al mundo que necesita ser redimido y decidiendo enviar al Hijo para hacerse carne y redimirnos. Nos invita a contemplar a María en la Anunciación, cuando escucha que Dios la invita a ser la Madre de Dios. El sí de María es un modelo para nuestra propia respuesta de fe a la invitación de

Dios para nuestra vida. San Ignacio quiere que escuchemos la invitación personal que Dios nos hace a cada uno. El llamado es para *cada uno de nosotros*, al igual que Abrahán fue llamado, al igual que Moisés y que todos los profetas del Antiguo Testamento fueron llamados, al igual que los discípulos fueron llamados. Pensemos en el joven rico que se marchó y en el ciego Bartimeo, que siguió a Jesús por el camino. Somos amados. Somos perdonados. Pero también somos llamados.

Somos invitados

Después de que hemos escuchado las palabras "Eres llamado", san Ignacio nos invita a conocer a Jesús en las historias de los Evangelios. Su contemplación imaginativa de los Evangelios surge de su experiencia en Loyola, durante el año de su conversión, cuando leyó una biografía de Cristo que lo animaba a usar la imaginación de esa manera con las historias de los Evangelios. A medida que rezamos con las historias del Evangelio, san Ignacio nos pide que recemos una y otra vez para pedir una gracia en particular: conocer a Jesús de manera más íntima, amarlo más profundamente y seguirlo más de cerca. Las palabras son las de san Ignacio, pero él solo repite el deseo y las palabras de Dios. Somos invitados a crecer en nuestro conocimiento y amor por Jesús.

Leer las historias de los Evangelios nos ayuda a conocer el corazón de Jesús y a intentar apropiárnoslo. Vemos a Jesús enseñando y sanando y perdonando y alimentando a las personas. Experimentamos su bondad y su compasión y su amor por las personas. Y sabemos por nuestra fe que esas personas somos nosotros mismos, y que Jesús sigue perdonándonos y sanándonos y alimentándonos. En estas historias nos unimos a los otros discípulos para descansar con Jesús y escuchar sus preocupaciones y esperanzas y sueños. Y sí, también vamos con Jesús a un lugar solitario para acompañarlo mientras le reza a su Padre. Lo que se nos hace claro es que Jesús no nos llama solamente para seguirlo, Jesús también nos invita a conocerlo, y a conocer a su Padre por medio de él. La pasión de la vida de Jesús consistió en revelar al Padre a todos nosotros. Esta es una invitación a que tengamos una amistad con Jesús y, en última instancia, una amistad con Dios. En la Última Cena Jesús dijo a los discípulos que no los llamó para ser siervos, sino amigos. La invitación es para todos nosotros. Somos invitados a ser amigos de Dios.

La amistad tiene también sus obligaciones. Jesús nos invita a ser sus amigos, pero también a participar en su Pasión y muerte. En la tercera semana de los ejercicios, san Ignacio nos invita a participar de la pena de Jesús, a sufrir con él, a unirnos con él en su Pasión. No es hasta que no enfrentamos la cruz de Cristo que conocemos la profundidad de nuestro pecado y la profundidad de la misericordia y el amor de Dios por nosotros. Somos salvados gracias al amor de Jesús, que estuvo dispuesto a dar su vida para hacernos libres. No podremos conocer a Jesús y entender su misión, no podremos entender quiénes estamos llamados a ser, hasta que estemos dispuestos a participar en su padecimiento y muerte y Resurrección, en definitiva, en el Misterio Pascual.

Somos llamados a morir día a día. Dietrech Bonhoeffer escribió: "Cuando Cristo llama a alguien, le pide que venga y muera". Jesús dijo: "[El que quiera seguirme que (...)] cargue con su cruz y me siga". Debemos morir a nuestra pecaminosidad y a nuestro egoísmo y a nuestros prejuicios. Al igual que Jesús, tenemos que ser siervos sufrientes comprometidos a servir a nuestros hermanos y hermanas que sufren, pues Cristo sigue padeciendo en nuestro mundo.

Somos enviados

Hay un antiguo canto espiritual que se canta en el contexto de la celebración de la Pascua. El estribillo dice: "Jesús murió y lo colocaron en una tumba; pero este no es el final de la historia. Resucitó. Resucitó. Resucitó. Y esto es amor. Esto es amor" [v.d.t.]. La muerte de Jesús no es el final de la historia. Dios lo resucitó de entre los muertos, y esto nos da razones de sobra para ser un pueblo con esperanza.

En la cuarta semana de los ejercicios espirituales, san Ignacio nos invita a contemplar las maravillosas historias de las apariciones del Cristo resucitado a sus discípulos. San Ignacio nos pide que recemos pidiendo la gracia de regocijarnos con Jesús y su triunfo. Jesús se aparece a sus desconsolados y tristes discípulos, que en muchos casos habían perdido la esperanza, trayéndoles paz y un renovado sentimiento de esperanza. Los consuela. Es el mismo Jesús resucitado quien viene a nosotros en momentos de oscuridad y desesperanza y nos ofrece fortaleza y consuelo. Pero Jesús hace algo más en esos encuentros: envía a los discípulos a difundir la Buena Nueva, a contar a los demás que ha resucitado y que nosotros también resucitaremos a la vida eterna. Les dice: "Vayan y cuéntenle a sus hermanos lo que vivieron. Vayan por todo el mundo proclamando la Buena Noticia a la humanidad".

Todo esto se representa en la historia de los dos discípulos en el camino a Emaús. Era el Domingo de Pascua, y los dos discípulos se habían marchado de Jerusalén e iban en camino a Emaús cuando se encontraron con Jesús como un extraño en el camino. Entonces dijeron esta conmovedora palabra: "esperábamos". Esperaban que el Mesías hubiera venido y que el Reino de Dios estuviera en medio de ellos, que todas las promesas de Dios se cumplieran. Pero la muerte de Jesús les había hecho dudar de todo ello. No fue hasta que Jesús les abrió las Sagradas Escrituras y compartió una comida con ellos que los discípulos lo reconocieron y encontraron una esperanza renovada. Ahora los discípulos sentían arder el corazón. Pasaron de la duda y la desazón a la plenitud de la esperanza.

No podían contener el gozo; corrieron a compartir la Buena Nueva con los discípulos que estaban en Jerusalén. El gozo y la esperanza que sentían les dio un sentido de misión, un fervor para contar a otros lo que habían vivido. Fueron enviados a continuar la misión de Jesús. Es notable que en la historia Jesús no se aparezca a Pedro, ni a María, ni a María Magdalena ni a algún otro discípulo conocido, sino a Cleofás y a otro discípulo o discípula, cuyo nombre no sabemos. Son solamente peregrinos que van por el camino equivocado. La historia asegura que Jesús está presente en cada peregrino que busca respuesta, por más que lo acosen las dudas. Y esos peregrinos son los que luego han de anunciar la Buena Nueva y vivir la visión y los valores de Jesús.

Nuestro Bautismo nos encarga seguir con el ministerio de Jesús, amar y servir a nuestros hermanos y hermanas. Al final de los ejercicios espirituales se nos envía a invitar a otros a ser parte del Reino de Dios. Dios nos envía a amar a los demás, así como Jesús lo hizo. Las palabras finales de Jesús para nosotros son: "Yo los envío".

Un llamamiento personal

Dios tiene algo especial que decir a cada uno de nosotros. Dios desea hablarnos al corazón: darnos palabras de amor o de perdón o de consuelo o de aliento, o palabras que nos inviten a participar en su vida de manera más profunda. Quizás quiera darnos palabras de aliento e inspiración que nos llamen a vivir con más generosidad y compasión y con más amor hacia quienes nos rodean. Dios siempre tiene una palabra individual dirigida a cada uno de nosotros.

He elegido seis frases para resumir el desarrollo y las gracias de los ejercicios. Todas brotan de la propia experiencia que san Ignacio tuvo de Dios. Creo que son palabras que Dios desea dirigir a nuestro corazón:

> Somos amados.
> Tenemos dones.
> Somos perdonados.
> Somos llamados.
> Somos invitados.
> Somos enviados.

Cuando escuchemos y creamos de verdad estas palabras, nuestro corazón será transformado y nuestra vida será transformada y se llenará de la paz que solamente Dios puede dar.

Si sabemos que somos amados, eso nos impulsa a amar libremente a Dios y a los demás en agradecimiento por ese amor.

Si sabemos que tenemos dones, nos llenamos de una gratitud que ensancha nuestro corazón y nos impulsa a compartir los dones que Dios nos ha dado. El deseo de compartir brota de la gratitud.

Si sabemos que somos perdonados, seremos ministros para otros en humildad y en gratitud y desearemos compartir con los demás el amor de Dios que perdona.

Si sabemos que somos llamados, responderemos con generosidad, estaremos ansiosos de aceptar la invitación de Dios, ansiosos de hacer más por los demás, de amar con un corazón lleno del amor de Dios.

Si sabemos que somos invitados a una amistad íntima con Dios, si sabemos que somos llamados a ser amigos y no siervos, responderemos al llamado de Jesús de hacer lo que él ha hecho: lavar los pies de los demás. Los siervos hacen la voluntad de su amo. Los amigos cumplen las esperanzas y los sueños de Dios.

Si sabemos que somos enviados, iremos, teniendo en mente la misión de continuar con el ministerio de Jesús y de construir el Reino de Dios en nuestro mundo.

8
Discernimiento

Los ejercicios espirituales nos ayudan a ver con más claridad cuál es la labor a la que Dios nos llama en la vida. A esto lo hemos estado llamando "el sueño": el sueño que Dios tiene para nosotros, el servicio único e individual a Dios y a los demás que hace realidad nuestros sueños más profundos. Llegamos ahora al proceso práctico de aclarar ese sueño, y lo hacemos por medio del discernimiento ignaciano y la toma de decisiones.

Todos, por supuesto, tenemos que tomar decisiones a diario. Algunas decisiones son muy simples, pero otras son muy importantes. A veces sabemos claramente qué decisión tomar; sabemos exactamente lo que debemos hacer, confiando en que estamos en lo cierto. Pero tomar decisiones puede ser difícil. Hay valores que pueden entrar en conflicto y hay responsabilidades que pueden entrar en conflicto; en estos casos saber cuál es el camino correcto no está claro. A san Ignacio no le preocupan tanto las decisiones morales entre lo bueno y lo malo, sino que supone que elegimos entre alternativas que son todas moralmente aceptables. Puede que estemos tratando de decidir a dónde nos llama Dios y el lugar de Dios en nuestra vida. Quizás luchemos con decisiones difíciles. Por ejemplo, una familia debe decidir si traer a vivir a la casa familiar a alguno de sus padres ya mayores, o enviarlo a un hogar de ancianos. Tal vez alguien piense en cambiar de carrera para hacer algo que, aunque no tan bien remunerado, le produzca más satisfacción personal. Decisiones de este tipo son difíciles e implican elegir entre valores y responsabilidades en conflicto.

San Ignacio dice que no tomamos decisiones de este tipo aplicando ciertas leyes y estructuras y principios de los cuales concluir cuál es el mejor camino. Nuestra historia y experiencia, nuestros deseos y sentimientos, nuestras ideas e inspiración, todo esto es parte de la obra del Espíritu en nosotros. El Espíritu está presente y obra en nuestro corazón, y nosotros debemos reflexionar sobre lo que sucede en nuestro interior y en el mundo que nos rodea y dejar que el Espíritu moldee las decisiones que tomamos.

En los ejercicios espirituales san Ignacio ofrece un enfoque bastante sistemático para la toma de decisiones. Este enfoque es uno de los aportes más importantes de san Ignacio a la espiritualidad cristiana y la vida cristiana: "¿Cómo sigo a Jesús? ¿Qué tipo de decisiones debería tomar en mi vida?". Las pautas para tomar decisiones que san Ignacio nos brinda en los ejercicios espirituales se ajustan a nuestra experiencia individual en nuestra propia vida diaria.

Las esperanzas y los sueños de Dios

Discernimiento es una palabra que se suele utilizar tan a la ligera como *espiritualidad*. El discernimiento es un arte y a la vez un don. Es un don del Espíritu Santo, un don que pedimos en oración. Creo que Dios nos da el don a todos, pero algunos lo han recibido en medida extraordinaria. El discernimiento es el arte de descubrir la voluntad de Dios para nosotros en las circunstancias concretas de nuestra vida. Dicho de otro modo, el discernimiento es el descubrir las esperanzas y los sueños que Dios tiene para nosotros, no necesariamente la voluntad de Dios. La frase "voluntad de Dios" suena como algo rígido y preestablecido, como escrito en piedra. Pero Dios tiene esperanzas y sueños para nosotros como un padre los tiene para su hijo o como los tenemos nosotros para nuestros amigos. Descubrimos las esperanzas de Dios conversando con él.

El discernimiento es una manera de descubrir lo que significa para cada uno de nosotros ser discípulos de Jesús en las circunstancias concretas de nuestra propia vida. El discernimiento es el arte de apreciar los dones que Dios nos ha dado y de descubrir cómo utilizarlos de la mejor manera posible para vivir nuestra vida cristiana.

El discernimiento siempre ocurre dentro del contexto del amor cristiano. Nos ayuda a elegir la forma de proceder que responde de manera más auténtica a los deseos y anhelos más profundos del corazón y al movimiento del Espíritu que Dios ha puesto en nosotros. Dios tiene esperanzas y sueños para todos nosotros y estos son revelados en la creación, en los dones que tenemos, en la Palabra de Dios que nos es proclamada, en las circunstancias de nuestra vida. Tenemos que usar nuestra libertad para cooperar con Dios y crear un mundo que nos permita llegar a ser las personas que queremos ser y, en última instancia, crear el Reino de Dios en un mundo de paz y de justicia.

El discernimiento presupone que la vida es un misterio que debe ser vivido, no un problema que debe resolverse. El Espíritu nos incita y ayuda a explorar ese misterio, pero la vida siempre será un misterio. El discernimiento también presupone que la vida es un proceso de crecimiento en nuestra relación con Dios, con el mundo que nos rodea, con las personas que nos rodean y finalmente con nosotros mismos.

El fundamento del enfoque de san Ignacio sobre el discernimiento es la creencia de que Dios toca el alma de cada persona. Esto es fundamental en la espiritualidad ignaciana y en el discernimiento ignaciano. Dios no habla de manera generalizada, sino que obra en el corazón de cada persona. Esta convicción es la base de lo que san Ignacio entendía por discernimiento. No hay principios que san Ignacio nos da con los que después podemos deducir qué se supone que debemos hacer. Dios se mueve en nuestro corazón y en las circunstancias de nuestra vida, y eso es a lo que tenemos que prestar atención.

Algunos hacen la distinción entre el discernimiento de espíritus y el discernimiento de la voluntad de Dios. El discernimiento de espíritus es el discernimiento de las mociones interiores del corazón: los pensamientos, los sentimientos y las fantasías que ocurren en él. Significa intentar interpretarlos para que podamos descubrir qué es lo que nos lleva a Dios y qué es lo que nos aleja de él.

El discernimiento de la voluntad de Dios es más complejo que el discernimiento de espíritus. Incluye el discernimiento de las emociones internas de nuestro corazón y de las circunstancias de nuestra vida y algunos factores objetivos como las enseñanzas de la Iglesia, la Palabra de Dios y las consecuencias que pueden resultar de nuestras acciones. Trata de las responsabilidades y el momento de nuestra vida en que nos encontremos. Puede que alguien vaya a un retiro y rece y escuche al Espíritu de Dios en su corazón y llegue al profundo convencimiento de que debe vivir el resto de su vida trabajando para los pobres. Esta persona le dice a su director espiritual: "Me siento en paz. Esto viene de Dios. Sé que viene de Dios". Y el director dice: "¿Qué harás con tu esposa y tus seis hijos?". "No me importa. Me siento en paz". Un discernimiento pleno de la voluntad de Dios incluye considerar también a la esposa y los seis hijos y las otras circunstancias de la vida. Incluye las decisiones que ya hemos tomado, incluye nuestros dones. Hay ciertos factores, factores objetivos, que se incluyen en el discernimiento de la voluntad de Dios.

Reglas para el discernimiento

San Ignacio nos brinda un conjunto de reglas o pautas para discernir el movimiento de Dios en nuestro corazón. El discernimiento no es algo original de san Ignacio. Se remonta al Nuevo Testamento y a los primeros monjes del desierto. El aporte original de san Ignacio consistió en brindarnos estas reglas organizadas y prácticas para el discernimiento. A pesar de llamarlas reglas, son más bien pautas, y no reglas estrictas que podemos aplicar de manera absoluta.

Estas reglas nos ayudan a advertir lo que Dios está haciendo en nosotros. No solemos notarlo demasiado porque estamos siempre ocupados con muchos asuntos. Nos ayudan a advertir las mociones interiores del corazón, los pensamientos, las imágenes que aparecen en la mente, los sentimientos de paz, de tristeza, de apertura y otros. Queremos advertir y entender esas mociones para aceptar lo bueno, aquello que nos lleva a Dios, y rechazar lo malo, aquello que nos aleja de él.

San Ignacio desarrolló las reglas para el discernimiento reflexionando sobre sí mismo. Lo genial en san Ignacio fue el conocimiento que tenía de sí mismo, el hecho de que tenía plena conciencia de sí mismo y una gran habilidad para expresar con claridad lo que acontecía en su ser. Su entendimiento del discernimiento surgió en el castillo de Loyola. Recordemos que mientras se recuperaba de sus heridas no tenía más que dos libros para leer: *Las vidas de los santos* y *La vida de Cristo*. Ignacio soñaba con ser un gran caballero y ganarse el amor de una dama. Después leyó *La vida de Cristo* y se imaginó a sí mismo como caballero de Dios. Varios meses después comenzó a advertir algo. Cada vez que pensaba en ser un gran caballero y ganarse el amor de una dama, al principio se sentía muy bien; pero más tarde se sentía triste y vacío. Cuando leía

La vida de Cristo o *Las vidas de los santos* y pensaba en seguir a Jesús, se llenaba de gozo y entusiasmo. Notó que lo primero lo hacía entristecer y lo otro le producía gozo. Comenzó a entender que sus sentimientos lo conducían en la dirección que le traería el mayor gozo. Lo mismo le sucedió en Manresa y finalmente en Roma, cuando trataba de decidir acerca de la Compañía de Jesús. El discernimiento es tratar de advertir patrones en nosotros y las mociones en nuestro corazón.

San Ignacio habla de las cosas a las que nos llevan el buen espíritu y el mal espíritu. El buen espíritu es el Espíritu Santo moviéndose en nosotros, las afecciones saludables de nuestra vida. Pero también habla de un mal espíritu. Esto puede ser cualquier fuerza en nosotros que nos aleja de Dios, ya sea nuestro subconsciente o una fuerza maligna personal. Es una voz interior que nos dice: "Quédate remoloneando el domingo en la mañana. Necesitas descansar más. No hace falta que vayas a la misa hoy". A veces esas voces nos dicen: "Ve y cómete la sexta rosquilla. Si ya has comido cinco, una más no importa". El mal espíritu es la voz interior que nos aparta del camino.

¿Por qué todavía se utilizan estas reglas 450 años después de que san Ignacio las escribiera? Por una sencilla razón: funcionan. Describen las experiencias de las personas. Por un lado, son puro sentido común. Por otro, nos guían sabiamente para seguir el llamado de Dios.

Reconocer la voz de Dios

Permítanme darles algunos ejemplos de las reglas. San Ignacio dice que cuando tratamos de acercarnos a Dios y ser más santos, rezar más y amar más, el buen espíritu nos anima a seguir adelante, pero la voz del mal espíritu protestará y nos dirá que todo es muy difícil. San Ignacio vivió esto en Manresa: rezaba siete horas al día, hablaba de Dios a todos y se sentía maravillosamente bien con su nueva vida. Entonces, esa vocecita apareció en su cabeza y le dijo: "Esto es puro orgullo. Crees que eres más santo que los demás. ¿De verdad crees que podrás seguir haciendo esto el resto de tu vida? ¿De verdad crees que en diez años estarás aún haciendo esto? Es una locura. Renuncia. Date por vencido. Vuelve y hazte caballero". San Ignacio se dio cuenta de que esta no era la voz de Dios. Finalmente se levantó y dijo: "No puedo prometer que seguiré haciendo esto en diez años, pero sí puedo prometer que lo haré mañana, pasado mañana y al día siguiente". Cuando se resistió a la voz, esta desapareció.

Por el contrario, si nos apartamos de Dios y hacemos cosas que poco tienen que ver con el amar y el cuidar a los demás, el mal espíritu nos animará a que sigamos ese comportamiento.

El buen espíritu nos animará a ir hacia Dios, llamando a nuestra conciencia si nos apartamos de él. Así, la primera regla para el discernimiento es ver en qué dirección vamos en la vida. Si vamos hacia Dios, el buen espíritu nos alentará y el mal espíritu intentará apartarnos. Si nos apartamos de Dios, el mal espíritu nos alentará y el buen espíritu intentará hacernos volver.

San Ignacio ofrece después un conjunto de reglas para saber qué hacer cuando estamos desolados. La desolación es tristeza, falta de esperanza, sentir que Dios está lejos. En la desolación no tenemos paz, estamos plagados de dudas. Comenzamos a decir: "Me pregunto si esto tiene sentido". San Ignacio dice que cualquiera que trata de ir hacia Dios sentirá por momentos desolación en la vida, de modo que esto no debe sorprendernos.

Las personas suelen tomar decisiones erróneas cuando se encuentran en un estado de depresión o desolación. Este es un consejo importante para cuando nos encontremos así: no hagas un cambio drástico en tu vida, no tomes una nueva dirección en tu vida, porque cuando te encuentras en el fondo del abismo la voz que escuchas es la del mal espíritu, no la del buen espíritu; y el mal espíritu te llevará por el mal camino.

Hace años expliqué este consejo para los momentos de desolación en una clase de estudiantes universitarios. Dije que solemos desechar consejos sobre no tomar decisiones drásticas en momentos de desolación porque nos desagrada sentirnos desolados. Pensamos que tenemos que realizar un cambio radical y que eso nos hará sentir mejor. Pero esto casi siempre es un error. Dije esto en clase un día viernes. El lunes siguiente, una estudiante llamada Susan irrumpió en mi oficina diciendo: "¡Funcionan! ¡Funcionan! Funcionan, padre Fagin. ¡Funcionan!". "Cálmate—le dije—, ¿a qué te refieres?". "Las reglas que usted nos dio, padre. ¡Funcionan!". Me explicó que después de la clase del viernes, volvió a su dormitorio de la universidad y vio que su compañera de cuarto estaba empacando. Era mitad de semestre y la joven se disponía a abandonar los estudios; le dijo:

> Quiero ser médica. Siempre quise ser médica. Toda mi vida he querido ser médica. Y acabo de reprobar química orgánica. Jamás seré médica. Nunca lo voy a lograr. Y justo ahora, cuando me estoy sintiendo muy mal, mi novio viene. Llevábamos saliendo seis meses. Y me dice delante de todo el mundo que deberíamos dejar de vernos porque hay otra chica que le gusta. Me planta ahí mismo. No tengo carrera. No tengo novio. Me voy.

Susan le dijo a su compañera: "¡No lo hagas! No tomes decisiones en un momento de desolación". Le contó lo que yo había dicho en la clase sobre la desolación. Dijo: "Ve a la playa el fin de semana. Siéntate a orillas del mar. Disfruta y relájate. Vuelve el lunes, y entonces podrás tomar una decisión. Pero no lo hagas ahora. No lo hagas. Prométeme que no lo harás. No dejes los estudios ahora". Su compañera accedió.

El domingo por la noche la joven regresó de la playa y le contó a Susan: "Tenías razón. En primer lugar, nunca quise ser médica en realidad. Era más bien lo que mis padres querían. La verdad es que quiero estudiar literatura inglesa. Puede que cambie de carrera". Y dijo también: "¿Y ese chico? Era un estúpido. Me alegra haberme librado de él. Así que, me quedo".

San Ignacio nos dio otras reglas también. Dice que deberíamos actuar contra la desolación rezando más, siendo más abiertos, hablando con las personas, pidiendo ayuda. Pero sobre todo, debemos ser pacientes. Cuando estamos deprimidos pensamos que jamás saldremos de ahí. Es como cuando tenemos gripe. Imaginamos que la tendremos por el resto de la vida, que moriremos de fiebre y que durará para siempre. Pero por supuesto, la gripe no es para siempre.

San Ignacio dice que el mal espíritu es como un jefe militar. Expone nuestras flaquezas, los puntos que nos hacen más vulnerables, y es ahí donde ataca. Así que tenemos que estar alerta. Debemos conocer cuáles son nuestras flaquezas para estar preparados cuando el mal espíritu trate de aprovecharse de estas.

Otra regla muy importante es resistir la tentación cuando ocurre. Utilizo este ejemplo con mis estudiantes: Supongamos que están estudiando mucho el viernes por la noche porque deben presentar un trabajo escrito. Un compañero llama a su puerta y dice: "Vamos a *Fat Harry's* a divertirnos". Y ustedes pueden decir: "No. Tengo que escribir un trabajo". Y el compañero les dice: "Necesitas un descanso. ¡Vamos!". A lo que le responden: "No. No voy a ir. Ahora déjame". El compañero se va y dice: "Tú te lo pierdes. Ya iré con otro a *Fat Harry 's*".

Pero también le pueden decir: "No sé. Quizás. Podría tomar un pequeño descanso". Y lo siguiente que ocurre es que esa persona está en su cuarto sentada a su lado y diciendo: "Estupendo. Vamos". Y antes de que se den cuenta, ya están saliendo a la calle.

Cuando viene el mal espíritu, es necesario ser muy fuertes al principio. De otro modo perderán la batalla. Así que no se anden a medias tintas al principio.

Por último, san Ignacio dice que el mal espíritu siempre nos dirá que mantengamos todo en secreto y que no le contemos a nadie. Cuando estamos deprimidos y nos sentimos mal y tenemos problemas, no solemos hablar con nadie. Esa no es la voz de Dios. Tan pronto escuchemos la voz que nos diga que no le contemos a nadie podemos estar seguros de que no es la voz de Dios. Dios siempre dice: "Recurre a tus amigos, a alguien en quien confíes. Habla sobre lo que te sucede".

Estas son nada más que algunas reglas que nos ofrece san Ignacio. Su propósito es para ayudarnos a escuchar lo que sucede en nuestro ser, a escuchar nuestros sentimientos, a escuchar cómo Dios se mueve en nuestro corazón y a comenzar a interpretarlo. Puedo asegurar que estas reglas funcionan. No de manera automática, ni con absoluta claridad; no podemos resolver todos los problemas con estas reglas, pero sí son pautas útiles para advertir el movimiento de Dios en nuestro corazón e interpretar las mociones que ocurren en este para saber qué es lo que nos lleva a Dios.

9
Tomar decisiones

Para san Ignacio el discernimiento de espíritus es parte de un proceso mucho más amplio para tomar decisiones que incluye los factores objetivos y también los factores más subjetivos de las mociones de Dios en nuestro ser. Por eso, cuando alguien llega a una instancia en los ejercicios donde desea hacer una elección de vida importante, san Ignacio sugiere ciertos procedimientos para la toma de decisiones. Reitero: no se habla de elegir entre el bien y el mal, hablamos de una manera de tomar una decisión entre todas las alternativas que tienen como objetivo el servicio a Dios. Lo que debemos preguntarnos es: "¿A qué me llama Dios? ¿Debo ser sacerdote o religioso? ¿Me llama al matrimonio? ¿Me llama al celibato? ¿A ser médico? ¿A ser maestro?". Este es el tipo de decisiones de las que habla san Ignacio.

En primer lugar, san Ignacio nos recuerda que debemos tomar decisiones a la luz del fin para el que fuimos creados. Vuelve al Principio y Fundamento del inicio de los ejercicios espirituales. ¿Cuál es el propósito de nuestra vida? ¿Por qué estamos aquí? Si vamos a tomar una decisión es importante priorizar el objetivo. El objetivo es alabar, reverenciar y servir a Dios. El objetivo es ser discípulos de Jesús y vivir la vida cristiana. La cuestión es cómo lo lograremos.

San Ignacio dice que las personas suelen tomar decisiones al revés. Dicen: "Quiero hacer esto. ¿Cómo puedo hacerlo y de algún modo alabar, venerar y servir a Dios? ¿Cómo puedo lograr que los medios se ajusten al fin?". San Ignacio dice que deberíamos empezar por el fin. El fin es ser discípulos de Jesús: "¿Qué significa para mí amar como Jesús lo hizo?". El desafío más grande que plantean las Sagradas Escrituras es este: "Que se amen unos a otros como yo los he amado". ¿Qué otra cosa podría presentarnos un desafío mayor? Eso hace que la regla de oro parezca pan comido. Amar por altruismo y abnegación es nuestro objetivo. San Ignacio quiere que primero reflexionemos sobre por qué estamos aquí y cuál es el propósito de nuestra vida. En ese contexto elegiremos los mejores medios para llegar allí.

Tres maneras de tomar una decisión

San Ignacio habla de tres maneras de tomar una decisión que no son totalmente independientes, ya que suelen superponerse o repetirse, pero san Ignacio las presenta por separado.

La primera manera ocurre cuando la decisión es perfectamente clara. Es maravilloso cuando sucede. No tenemos ninguna duda acerca de lo que tenemos que hacer. Sabemos qué es lo que Dios quiere y sentimos una paz genuina. Esto le sucede a Mateo cuando, sentado en su mesa mientras está recaudando impuestos, Jesús viene a él y le dice: "Sígueme". No es necesario que Mateo discierna la decisión de seguirlo. Se levanta y sigue a Jesús. Pablo es tirado al suelo, y una voz que proviene del cielo le dice: "Saulo, Saulo, ¿por qué me persigues?". No hizo falta que discerniera sobre este hecho. No había dudas al respecto. Hay momentos como estos en los que las decisiones son claras; sabemos en lo más profundo de nuestro corazón qué es lo correcto. Pensamos: "Esto es lo que tengo que hacer". Siempre esperamos y buscamos esta clase de claridad.

Pero las decisiones no suelen ser tan claras. Solemos sentirnos indecisos. Algo parece ser una buena idea, y después ya no. Una decisión en principio parece ser la correcta, pero después hay otra que parece aún mejor. Es ahí cuando necesitamos las reglas para el discernimiento, para ayudarnos a escuchar lo que sucede en el corazón y para que podamos descubrir qué es lo que nos lleva a Dios y qué es lo que nos aleja de él.

San Ignacio pensaba que la mayoría de las personas que han de tomar importantes decisiones de vida se encuentran en conflicto. Dice a los directores de los ejercicios espirituales que no se preocupen cuando alguien se encuentra en un caos emocional. Aquellos por los que sí deben preocuparse son aquellos a los que nada les sucede. San Ignacio sabía que pasamos del consuelo a la desolación cuando intentamos tomar una decisión importante, pues el buen espíritu y el mal espíritu están activos. Por ejemplo, un hombre fue a un retiro y sintió el llamado de ser diácono de manera permanente. Pasó meses dudando sobre esa decisión. A veces pensaba: "Sí, eso es exactamente lo que Dios quiere que haga". Y después surgían dudas sobre lo que semejante compromiso implicaría para su familia. ¿Cuánto tiempo debería estar lejos de casa? Idas y venidas: unos momentos sentía paz, en otros lo asaltaban las dudas. Le llevó mucho tiempo descifrar lo que acontecía en su corazón para poder, finalmente, encontrar algo de paz.

La tercera manera de tomar una decisión estando en paz. No hay mociones fuertes en uno u otro sentido. Cuando eso sucede podemos usar la razón y la imaginación. Estamos en estado de equilibrio, estamos abiertos y podemos preguntarle a Dios con honestidad: "¿Hacia dónde quieres que vaya? ¿Qué es lo que me pides que haga?".

Para cuando nos encontramos en ese estado, san Ignacio nos ofrece dos sugerencias: una es presentarle la decisión a Dios y sencillamente escribir las ventajas y las desventajas. Podemos escribir las razones a favor y en contra de una opción, y hacer lo mismo con la otra alternativa. Podemos sentarnos y considerar las decisiones de forma racional. Es sorprendente ver cómo esto puede ayudar a aclarar las cosas. En vez de oscilar entre una razón y otra, podemos escribirlas y rezar por estas. Este método apela a nuestra razón.

La otra sugerencia de san Ignacio es utilizar la imaginación. Nos brinda un par de técnicas para esto. En primer lugar, cuando hemos de tomar una decisión seria, podemos imaginar que un amigo viene a pedirnos un consejo sobre esa misma decisión y nos dice: "¡No sé qué hacer! ¿Será mejor esto o aquello?". ¿Cuál sería el consejo que le daríamos a ese amigo? Esto nos ayuda a ver las cosas un poco desde la distancia y a ser más objetivos. Le decimos a nuestro amigo cuál sería la mejor opción, y esa será probablemente la mejor opción para nosotros también. A menudo solemos dar excelentes consejos a otras personas. Pero aunque aconsejamos a otros, no solemos ser muy buenos aconsejándonos a nosotros mismos.

Otra técnica es imaginar que estamos en nuestro lecho de muerte o en el día del juicio parados frente a Dios. ¿Cuál es la elección que desearíamos haber tomado? Esto nos aleja de la satisfacción momentánea y permite que veamos el panorama completo para poder hacernos esta pregunta: "¿Hacia dónde me llama Dios?". Cuando llegamos a nuestro lecho de muerte y miramos hacia atrás, quizás digamos que desearíamos haber optado por demostrar más amor o más generosidad o haber cuidado más de los demás.

La persona en su totalidad decide

Toda decisión importante incluirá, quizás, todos estos métodos. Todos apelan a los sentimientos. Utilizamos la razón para reflexionar sobre las ventajas y las desventajas. Usamos la imaginación cuando consideramos distintas situaciones. Ignacio creía que si queremos tomar una buena decisión, lo debemos hacer con la totalidad de nuestra persona: no solo racionalizarla, ni tampoco seguir solo los sentimientos o solo la imaginación. Necesitamos todo esto al mismo tiempo.

San Ignacio ofrece estos tres métodos a los directores espirituales y los anima a que los usen con flexibilidad: con algunas personas puede que quieran enfocarse más en la imaginación; con otras, la razón jugará un papel mucho más importante. Quizás sean pensadores que en verdad necesiten ver las ventajas y las desventajas. Otros quizás necesiten más el lado afectivo. En definitiva, todos necesitamos todas las partes de nuestra persona.

Una vez que hemos tomado una decisión, se la llevamos a Dios para su confirmación. Este es el paso que la mayoría de las personas omiten. Cuando tomamos una decisión, nos sentimos tan aliviados que simplemente queremos llevarla a cabo. Si le contamos a un amigo, nos dirá quizás que tomamos una decisión estúpida. Y no queremos que nos digan eso.

San Ignacio nos invita a llevar nuestra decisión a Dios. Incluso nos pide ponerla a los pies de la cruz y decir: "Señor, esto es lo que decidí hacer. ¿Cómo te sientes al respecto?". ¿Podemos estar en paz presentándole esta decisión a Dios? ¿Sentiremos que es una decisión que tomamos con amor? ¿Somos en verdad felices con esto? Tras considerar el amor de Dios, ¿podemos decir que estamos a gusto con esta decisión? La confirmación es un paso muy importante en el proceso de la toma de decisiones. Implica pedirle a Dios que reafirme la decisión.

Los elementos de una buena decisión

Para tomar una buena decisión lo primero que debemos hacer es rezar. No me refiero a la oración del tipo: "Ayúdame, Dios mío. Ayúdame, Dios mío. Ayúdame, Dios mío". Debemos escuchar, abrir el corazón delante de Dios. Escuchar al Espíritu. Pedir por la gracia de estar abiertos y escuchar el llamado de Dios en nuestra vida.

En segundo lugar necesitamos obtener buena información sobre las distintas opciones, conocer los hechos y las consecuencias de esos hechos. Y también conocer cuáles son las alternativas. A veces sentimos que no podemos decidir entre dos opciones, y hay un tercer camino que tiene el mismo valor que los otros dos. Por eso hay que obtener información.

El tercer elemento es reflexionar sobre las respuestas afectivas en relación con Dios. Es necesario que advirtamos, interpretemos y reflexionemos en los sentimientos de paz y la falta de paz, los sentimientos de dicha y la falta de dicha, los sentimientos que hacen aumentar nuestra fe y aquellos que la oscurecen.

El cuarto elemento es reflexionar en todo esto, y después sopesar las opciones, con sus ventajas y desventajas. En su diario personal san Ignacio registra lo que sucedía mientras tomaba una decisión importante sobre los jesuitas. Cada mañana vivía experiencias místicas extraordinarias, pero también se sentaba y escribía todas las ventajas y las desventajas. Consideraba que eso también era parte de la decisión. Hacerlo es necesario para poner la mente y el corazón en equilibrio pues los pensamientos y los sentimientos van de la mano.

El paso final consiste en llevarle la decisión a Dios para su confirmación.

Estos son, en definitiva, los pasos: rezar, conseguir información, escuchar al Espíritu moviéndose en el corazón, usar la cabeza para considerar las ventajas y las desventajas, tomar una decisión y llevarla a Dios para su confirmación.

La toma de decisiones no es algo automático, sino un proceso. Mucho entra en juego en ese proceso, y quizás no lleguemos a tener una certeza plena. Todavía hay mucho misterio. Tomamos la mejor decisión que podemos en virtud del tiempo con el que contamos. A san Ignacio le interesaba la acción, cómo vivir la experiencia de ser amados, de ser perdonados, de ser llamados por Dios. San Ignacio no tenía un método mágico que conduce a la certeza absoluta. Lo que san Ignacio ofrece es la sabiduría de su propia experiencia, de lo que aprendió de su propia vida y de tratar con otras personas: la manera en que Dios moldea el corazón humano, la manera en que Dios nos revela sus esperanzas y sueños para nosotros, la creencia y la confianza de que Dios finalmente nos llevará por el camino que él desea, y que finalmente descubriremos que los deseos más profundos de nuestro corazón son los deseos más profundos del corazón de Dios. No accederemos a nuestros más profundos deseos para descubrir que los de Dios son radicalmente diferentes. Lo difícil es acceder a esos deseos más profundos y vivirlos. Si lo hacemos, ahí es donde hallamos la paz. Sabremos que hemos escuchado el llamado de Dios.

10
Nuestro deseo más íntimo

El camino al discipulado que san Ignacio presenta puede ser todo un desafío, puede incluso resultar abrumador. San Ignacio quiere que alcancemos la libertad para que podamos oír el llamado de Dios y responder a este con total generosidad. Quiere que nos rindamos ante Dios en todo con absoluta confianza. Quiere que encontremos a Dios en nuestra vida cada día. Quiere que sigamos a Cristo en su padecimiento y en su muerte. Esto puede resultar abrumador para quienes viven en este mundo y que cada día enfrentan las demandas de todo ser humano: familia, empleo y las responsabilidades del día a día. ¿Es realista todo esto que pide san Ignacio? ¿No será un ideal tan inaccesible que jamás lo entenderemos ni alcanzaremos? Quizás sintamos a veces que nos piden hacer un salto con garrocha, y que san Ignacio nos pone la barra a doce pies cuando en realidad tenemos una garrocha de seis. Decimos: "Lo siento. No puedo hacerlo, es imposible. Es un ideal muy bonito, pero no tiene nada que ver con mi vida".

Tiene todo que ver con nuestra vida. San Ignacio ofrece, en efecto, un ideal, un ideal que nunca lograremos alcanzar del todo en esta vida. Pero, más importante aún, nos ofrece una dirección. Describe un viaje cristiano que lleva a la vida y a la felicidad. Es un llamado a la libertad. Es un llamado al discipulado. Es un llamado a participar en la muerte y Resurrección de Jesús que trae la salvación al mundo. Es un llamado a ser misioneros en el mundo.

San Ignacio describe el deseo de Dios para nosotros, su esperanza para nosotros, su sueño: un sueño que nos lleva de la libertad al amor y de ahí a la vida. Lo que san Ignacio describe es aquello que nuestro corazón anhela, los deseos más íntimos del corazón, la capacidad de satisfacer la inquietud del corazón, una inquietud que siempre nos deja con ganas de más.

Nadie puede decir: "Ya terminé de hacer los ejercicios espirituales". Siempre nos esforzamos por ser libres, por amar y por seguir a Jesús más de cerca. Siempre nos resulta difícil el no sentirnos atrapados por las cosas. El entregarnos a Dios es un esfuerzo constante. Esta es la historia de nuestra vida. Lo que san Ignacio describe no debe desalentarnos. Los ejercicios espirituales nos invitan a crecer en aquello a lo que fuimos llamados a ser. Recorremos el camino con humildad y esperanza, pues sabemos que el recorrido es obra de la gracia de Dios en nosotros. Es la obra de Dios, y ahí es donde depositamos la confianza. Realizamos el viaje de la humildad y la esperanza porque, aunque vacilemos en nuestros pasos o tomemos muchos desvíos o caminos alternativos, sabemos que este es el camino que nos lleva al objetivo de nuestra vida y a los deseos más profundos del corazón.

Lo que san Ignacio nos ofrece no es tanto un ideal, sino más bien una invitación. Es la invitación de Jesús a seguirlo, a luchar siempre por lo que san Ignacio llamaba *magis*, que significa esforzarse más, tratar siempre de seguir creciendo. No es necesario que nos preocupemos por un ideal imposible que tenemos por delante si cada día nos esforzamos con la ayuda de Dios para ser más libres, más agradecidos, más generosos, más amorosos, para estar más en sintonía con el corazón de Jesús. Si nos esforzamos cada día por estar más atentos y más dispuestos a responder a Dios en nuestra vida, es a eso a lo que él nos invita. Esta es la esperanza que Dios tiene para nosotros y es el deseo más profundo de nuestro corazón.

Nota del editor

Este libro se basa en una serie de conferencias que el padre Gerald Fagin, SJ, dio a estudiantes y personal de la Universidad de Loyola en Nueva Orleáns, donde fue profesor asociado de teología en el *Loyola Institute for Ministry*. Las conferencias impactaron al corazón de la comunidad universitaria y fueron transcritas, ligeramente editadas y publicadas en forma de un folleto que fue recibido con gran entusiasmo por el público local.

En 2012 editores de Loyola Press comenzaron a conversar con el padre Fagin sobre cómo convertir este material en un breve libro. Al padre le agradó la idea, y yo comencé a trabajar con él en el proyecto. Había sido editor para su libro *Putting on the Heart of Christ: How the Spiritual Exercises Invite Us to a Virtuous Life* [Adoptando el corazón de Cristo: cómo los ejercicios espirituales nos invitan a vivir una vida virtuosa], tiempo durante el que entablamos una excelente relación. En mayo de 2012 ya habíamos finalizado un plan para el libro. Yo me iba a hacer cargo de reorganizar y editar el material que se había publicado antes y Jerry iba a pasar parte del verano escribiendo material nuevo, sobre todo acerca del discernimiento personal.

Tristemente, Jerry enfermó de gravedad esa primavera y murió en junio. No pudo escribir nada de lo que había deseado. Yo me encargué de finalizar el libro según el plan que habíamos elaborado juntos. El padre Mark Thibodeaux, SJ, y Judy Deshotels, dos íntimos amigos de Jerry que conocían muy bien su obra, revisaron el manuscrito. Creemos que este libro ofrece lo que Jerry deseaba comunicar, pero somos conscientes de que no incluye *todo* lo que él deseaba decir.

Jerry Fagin fue un maestro muy querido, un pensador profundo y un amigo. Que este, su último libro, sirva como homenaje a su memoria y haga abundar las bendiciones de la espiritualidad ignaciana.

Jim Manney
Loyola Press

Acerca del autor

Gerald M. Fagin, SJ, fue director espiritual durante 35 años. Dio cursos sobre espiritualidad y teología moral para el programa universitario de *Loyola Institute for Ministry*, de la Universidad de Loyola en Nueva Orleáns.

Retiro de 3 minutos

*3 minutos diarios te pueden brindar
24 horas de paz.*

Antes de comenzar tu retiro, toma una breve pausa. Respira profundamente tres veces. Sé consciente de la presencia amorosa de Dios, quien te acompaña en esta jornada de crecimiento y descubrimiento.

Siguiente...

Los *Retiros de 3 minutos* te invitan a tomarte un descanso dedicado a la oración justo enfrente de tu computadora. Dedica un poco de tiempo a reflexionar en silencio sobre un pasaje de las Sagradas Escrituras. Puedes suscribirte para recibirlo de forma gratuita por correo electrónico cada mañana.

Suscríbete gratis en www.loyolapress.com/retiro

Otros títulos en español

Desafío
Un programa de reflexión diaria basado en los Ejercicios Espirituales de san Ignacio de Loyola
$9.95 • Pb • 3300-5

Mi vida con los santos
$15.95 • Pb • 3117-9

Jesús de Galilea
Un Dios de increíbles sorpresas
$13.95 • Pb • 2577-2

Llame al 800.621.1008, o visite loyolapress.com/store